Animales de punto
para los peques

Animales de punto
para los peques

30 prendas de ropa y juguetes de punto

Amanda Berry

5 tintas

Contenidos

Capítulo 4
Regiones polares

67 Cintas árticas

71 Mitones y zapatos huella de oso polar

75 Juguete y portabiberón bebé pingüino

79 Mitones pingüino

Capítulo 5
Mares tropicales

85 Babero bajo el mar

86 Peces tropicales de juguete

89 Posavasos tortuga marina

90 Manta de olas tropicales

93 Chaleco tiburón

Capítulo 6
En el bosque

99 Babero zorro

100 Cojín búho

105 Gorro reno

109 Mitones petirrojo

113 Jersey, juguete y bufanda búho

Introducción

Este libro es un viaje por el mundo animal, con proyectos que incluyen ropa y accesorios tanto para tu bebé como para su cuarto, así como para niños y niñas desde recién nacidos hasta los dos años.

El primer capítulo incluye un modelo aventurero para que el bebé se prepare para explorar, pues cada sección es un recorrido por diferentes zonas climáticas de un zoo de punto. Por el camino encontrarás animales de la jungla, conocerás algunas simpáticas serpientes y cocodrilos en la casa de los reptiles, te adentrarás en los mares tropicales en el acuario, alimentarás a los pingüinos en la región polar y terminarás la aventura con los animales del bosque.

Hay algunas labores muy divertidas que se pueden terminar en un día o incluso en una tarde, y también proyectos mayores para tejedores más aventureros. En cada labor se explora una gama de técnicas y habilidades, y se clasifica por ovillos, con un breve resumen de lo que necesitas saber antes de empezar. Al final de libro encontrarás una guía con las técnicas empleadas, así como útiles tablas de referencia.

Las lanas se pueden adquirir en una tienda de lanas o de manualidades, e incluyen una gran variedad de grosores: desde Fingering a Chunky. Para ayudarte a encontrar la adecuada a cada proyecto, los detalles de los tipos de lana también se incluyen en las referencias que aparecen en las páginas finales del libro.

Para ayudarte a economizar, también encontrarás algunos trucos prácticos: cómo usar artículos que ya tengas por casa, o cómo utilizar restos de lana para confeccionar un marcador de puntos, así no tendrás que comprar muchas cosas en cada proyecto.

Todas las labores permiten adaptar la talla y los colores para que puedas hacer bonitos regalos con un toque personal. ¡Espero que te diviertas tanto tejiendo estos animales como yo lo hice!

Amanda

GUÍA DE CLASIFICACIÓN DE ESTRELLAS

Cada proyecto está clasificado de 1 (fácil) a 5 (más avanzado). Aquí tienes una guía de algunas de las técnicas usadas en cada clasificación.

Tejer puntos, montar y cerrar

Cambiar colores y tejer rayas, aumentos y disminuciones

Tejer en redondo, tejido con colores intarsia y fair isle, vueltas cortas

Tejer con aguja auxiliar

Múltiples técnicas

Kit de utensilios

Además de la lana, estas son las herramientas básicas que necesitarás para tus proyectos.

Agujas de tejer

Las agujas pueden ser metálicas, de bambú o de plástico. Yo prefiero las metálicas porque duran más.

El tamaño de las agujas se refiere a su diámetro, y se especifica en cada proyecto. Las agujas rectas suelen tener el tamaño estampado o impreso en ellas. Un medidor de agujas es una herramienta útil para comprobar el tamaño de las agujas, ya que las circulares y de doble punta tienden a no estar marcadas.

Hay tres tipos de agujas: rectas, circulares y agujas de doble punta (adp). Las rectas se utilizan a pares para tejer un tejido plano. Las de doble punta se suelen vender en sets de cuatro o cinco y se usan para tejer piezas circulares (lo que se llama tejer en redondo) y para hacer el cordón tejido (ver página 131). Las circulares son un par de agujas unidas por un cable de nailon. Se pueden usar para tejer en redondo pero también para confeccionar un tejido plano cuando tienes muchos puntos y son demasiados para poner en las agujas rectas.

Tijeras

Un par de pequeñas tijeras es esencial para cortar el hilo y el fieltro en piezas pequeñas. Siempre guardo mis tijeras en una funda cuando no las uso para evitar accidentes.

Truco No necesitas invertir en unas tijeras de modista; unas tijeras afiladas de las uñas servirán para la mayoría de proyectos.

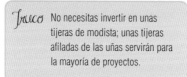

Agujas de coser

Para coser piezas tejidas juntas, generalmente usarás la misma lana que has utilizado para tejerlas. Se usa una aguja lanera o de zurcido con el ojo muy grande, ya que la lana será demasiado gruesa para pasar por el ojo de una aguja normal. Para coser botones, emplea una aguja normal e hilo de algodón.

Alfileres

Utiliza alfileres para sujetar las piezas tejidas juntas antes de coserlas. Prefiero usar alfileres con cabezal perlado ya que son fáciles de localizar y no se pierden entre los puntos.

Contador de vueltas

Un contador de vueltas es un dial que se encaja al final de una aguja recta. Giras el dial para anotar el número de vueltas tejido.

Truco En vez de un contador, puedes usar una libreta y un lápiz, o incluso descargar una app para contar vueltas en tu móvil, ¡que es mucho más divertido!

Botones

Asegúrate de utilizar un botón que pueda pasar por el ojal que has hecho. Generalmente compro los botones después de terminar un proyecto y lo llevo a la tienda de manualidades para comprobar que el botón es de la medida adecuada.

Sujetapuntos

Los sujetapuntos sirven para sujetar puntos no cerrados y generalmente son como imperdibles grandes.

Truco Si no tienes un sujetapuntos, enhebra los puntos en una hebra de lana de desecho y anuda los cabos juntos. Cuando tengas que tejer esos puntos, vuelve a enhebrarlos a la aguja y tira de la hebra.

Relleno para juguetes

Elige tu relleno cuidadosamente. El relleno de poliéster es una elección popular y una fibra sintética ligera y normalmente lavable a máquina. El relleno de algodón o bambú también se puede usar, pero evita usar bolitas o semillas. Estos rellenos tienen piezas pequeñas no adecuadas para bebés o niños pequeños, ya que se las podrían tragar. Por seguridad, busca siempre rellenos que tengan los certificados adecuados.

Marcadores de puntos

Estas anillas de colores marcarán una posición en tu vuelta. Puedes comprarlas en una gran variedad de diseños.

Truco En vez de comprar marcadores, anuda con un bucle un pequeño trozo de lana y úsalo como marcador.

Cinta métrica/regla

Una regla de plástico es útil para comprobar la tensión y medir piezas pequeñas, y una cinta métrica de modista es vital para medir piezas grandes o curvas.

Libreta y lápiz

Yo tengo una libreta de tejer en mi caja de manualidades, así anoto cualquier ajuste en el patrón u otras notas mientras trabajo. Utilizo un lápiz en vez de un bolígrafo para no marcar mi tejido por error. (Una vez tuve un desagradable incidente con un bolígrafo con fugas que arruinó semanas de trabajo… ¡nunca más!).

Capítulo 1

Aventurero de safari

Para empezar nuestra aventura animal, el bebé necesitará un atuendo de safari con botas para el desierto. El bolso llevará los objetos imprescindibles para nuestro pequeño explorador (o su juguete favorito).

Pantalones de combate

Estos pantalones de combate para tu pequeño aventurero tienen un bolsillo en la pernera para llevar raciones de emergencia, y pueden hacer juego con el proyecto de la chaqueta de la página 15.

CINTURA

Con el CP y agujas de 4,5 mm, monta 106 (110, 114) ps y une el círculo. El prin de la v se inicia en el centro trasero de los pantalones.

V 1: *1D, 1R* hasta el último p.

Rep v 1 4 cm.

Sig v: Cambia a agujas de 5 mm, **2 (3, 4) D, *2pjD, 5D* 7 veces, 2 (3, 4) D rep desde ** hasta el final. (92 [96,100] ps).

TRASERO

CM al prin de la v, 7 (7, 8) D, gira (ver truco), 14 (14, 16) R, gira, 21 (21, 24) D gira, 28 (28, 32) R gira, 35 (35, 40) D gira, 42 (42, 48) R gira, 49 (49, 56) D gira, 56 (56, 64) R gira, D hasta el marcador. (92 [96, 100] ps).

Truco Cuando envuelvas y gires puntos, antes de cada giro, desliza el siguiente punto de la aguja izquierda a la aguja derecha, envuelve la hebra a su alrededor y desliza el punto de nuevo a la aguja izquierda. Gira la labor. Cuando llegues a un punto envuelto, recoge el envuelto y trabájalo junto con el punto que envuelve.

Talla: 6-9 meses (caderas 52 cm, largo 43 cm); 12-18 meses (caderas 54 cm, largo 45 cm); 24-36 meses (caderas 56 cm, largo 47 cm). El tamaño de la muestra es de 12-18 meses.

Lana: Stylecraft Special Aran (100% acrílico; 100 g; 196 m): CP beige (tono 1218) 100 g; CC marrón claro (tono 1420) 100 g. Ver página 140 para más referencias.

Agujas: Agujas circulares de 4,5 mm y 5 mm en 40 cm, adp de 4,5 mm y agujas rectas de 5 mm.

Accesorios: Sujetapuntos.

Tensión: Cuadrado de 10 cm = 18 p × 24 v en punto jersey con agujas de 5 mm con el CP.

Elaboración: Tejido en redondo.

Habilidades requeridas: Tejer rayas y vueltas cortas.

PARTE SUPERIOR DEL PANTALÓN

Sig vs: Teje en p jer en redondo en rayas del CP y el CC, cambiando de color al prin de cada 2 vueltas. Cuando la pieza mida 18 (19, 20) cm desde la cintura por la parte central delantera, CM después de 46 (48, 50) ps para marcar la parte central delantera.

Sig v: 1D, 1A, *D hasta 1 p antes del marcador, 1A, 1D*, deslizar marcador, 1D, 1A, rep desde * hasta * (96 [100, 104] ps).

Sig v: D.

Rep las últimas 2 vs 3 veces (108 [112, 116] ps) hasta que la parte delantera mida 21 (22, 23) cm de largo.

PIERNAS

Empezando por detrás (en el centro), D los primeros 54 (56, 58) ps y desliza los ps res para la otra pierna a un sujetapuntos. *CM en el interior de la pierna para marcar el prin de la vuelta. Teje en circular en p jer con adp de 5 mm. Cuando la pierna mida 3 cm haz una v de dism como sigue: ddD, D hasta 2 ps antes del marcador, 2pjD. Repite la dism cada 8 vs tres veces (46 [48,59] ps). Teje en p jer hasta que la pieza mida 38 (40, 42) cm por la parte central delantera o el largo deseado menos 6 cm. Cambia a adp de 4,5 mm y teje un elástico 1D, 1R en redondo 6 cm, y cierra puntos holgadamente. Repite desde * para hacer la segunda pierna.

BOLSILLO

Con el CP y agujas rectas de 5 mm, monta 12 (14, 16) ps y teje en p jer hasta que la pieza sea cuadrada. Cierra puntos. Cose el bolsillo a un lado de los pantalones con el borde del cierre hacia arriba.

Truco Para tejer rayas en redondo sin saltos, en la primera vuelta de cambio de color cambia los colores empezando a tejer con el color nuevo después del marcador. En la siguiente vuelta, cuando llegues al marcador, deslízalo. Desliza el primer punto del nuevo color de la aguja izquierda a la aguja derecha del revés. Teje el resto de puntos de la vuelta. Repite cuando sea necesario.

Chaqueta de aventurero

Una chaqueta unisex con el frente y la espalda tejidos de una sola pieza para minimizar costuras. Tiene solapas y acabados en punto bobo.

Patrón para tejer

DELANTE Y DETRÁS

Con el CP y agujas circulares de 5 mm, monta 88 (92, 96) ps. Teje en plano (no unas el círculo).

Vs 1 a 5: D.

Sig vs: Empieza y termina con una vuelta R [LR], teje en p jer hasta que la pieza mida 20 (21, 22) cm desde el borde de montaje.

Sig v LD: 16 (17, 18) D (frontal derecho), cerrar 4 ps (sisa), 48 (50, 52) D (detrás), cerrar 4 ps (sisa), 16 (17, 18) D (frontal izquierdo). (80 [84, 88] ps).

FRONTAL IZQUIERDO

Empieza con una vuelta R [LR], teje en p jer los 16 (17, 18) ps por 11 (11, 12) cm y pásalos a un sujetapuntos.

Talla: 6-9 meses (pecho 54 cm, largo 31 cm); 12-18 meses (pecho 56 cm, largo 32 cm); 24-36 meses (pecho 58 cm, largo 34 cm). El tamaño de la muestra es de 12-18 meses.

Lana: Stylecraft Special Aran (100% acrílico, 100 g, 196 m) marrón claro (tono 1420) 200 g. Ver página 140 para más referencias.

Agujas: Agujas circulares de 5 mm en 40 cm, adp dc 5 mm y agujas rectas de 5 mm.

Accesorios: Sujetapuntos.

Tensión: Cuadrado de 10 cm = 18 ps × 24 vs en punto jersey con agujas de 5 mm con el CP.

Elaboración: Tejido en plano (detrás y delante) usando una aguja circular para acomodar el núm de ps, y después tejido en redondo.

Habilidades requeridas: Levantar puntos, tejer en redondo.

DETRÁS

Empieza en una vuelta R [LR], teje en p jer los 48 (50, 52) ps por 11 (11, 12) cm y pasa los puntos a un sujetapuntos.

FRONTAL DERECHO

Igual que el frontal izquierdo.

HOMBROS

Une las costuras de los hombros cosiendo los 16 (17, 18) ps de los delanteros a 16 (17, 18) puntos de la pieza de la espalda y sujetando los 16 ps res para el cuello.

SOLAPAS – HAZ UNA PARA CADA BORDE FRONTAL

Con el LD de la parte delantera hacia ti, levanta 3 ps cada 4 vs entre el borde de montaje de puntos y 4 (4,5, 6,5) cm por debajo de la costura de los hombros. Teje estos puntos en punto bobo hasta que la solapa mida 5,5 (6,5, 7,5) cm de ancho. Haz los ojales a 6,5 cm y 9,5 cm del borde tejiendo un ph seguido de un 2pjD. Los ojales tienen que estar por delante a la izquierda para los niños y a la derecha para las niñas. Continúa tejiendo estos ps hasta que la solapa mida 7 (8, 9) cm de ancho. Cierra todos los ps de la solapa.

Ojales de la solapa: Haz dos ojales cuando la solapa mida 5,5 (6,5, 7,5) cm de ancho.

CUELLO

Con el LD hacia ti, recoge 3 ps cada 4 vs en el borde por encima de la solapa hasta la costura de los hombros, D los 16 ps que habías sujetado en la espalda y entonces levanta los ps en el otro lado hasta el borde de la otra solapa. Teje estos puntos del cuello en punto bobo hasta que mida 5 (6, 7) cm de ancho. Cierra todos los ps del cuello.

MANGAS – HAZ 2

Empezando en el centro de la sisa, levanta 3 ps cada 4 vs alrededor de la sisa y 4 ps de la parte de debajo de la sisa. Pasa a adp de 5 mm y teje en redondo, D cada v, y dism 2 ps cada 10 vs cuatro veces como sigue: 1D, ddD, D hasta 3 ps antes del final de la v, 2pjD, 1D. Teje hasta que la manga mida 16 (17,5, 19) cm desde el antebrazo, entonces teje 5 vs en punto bobo (D y R en vs alt). Cierra todos los puntos de la manga.

LENGÜETAS – HAZ 3

Con el CP y agujas rectas de 5 mm, monta 11 ps.
V 1 y cada v alt: D.
Vs 2, 4 y 6: 1D, Dda, D los ps res. (14 ps).
Vs 8, 10 y 12: 1D, 2pjD, D los ps res. (11 ps).
Cerrar todos los ps.

ACABADO

Remata todos los cabos sueltos. Cose las lengüetas en las piezas frontales y una en el centro de la espalda de la chaqueta. Cose los botones debajo de los ojales de las solapas y a 2 (1,25, 1,25) cm del otro borde de la solapa, y un botón encima de cada lengüeta.

Botas para el desierto

Calza estas botas para el desierto a tu joven aventurero. Para confeccionar estas botas de recién nacido, sigue el patrón usando unas agujas más pequeñas y una lana de grueso DK o Aran.

BOTAS – HAZ 2

SUELA

Con el CC1 y unas adp de 5 mm, monta 22 ps y une en redondo.

Vs 1, 3, 5, 7 y 9: R.

V 2: 3D, *1A, 1D* 3 veces, 8D, 1A, 2D, 1A, 6D. (27 ps).

V 4: 3D, 1A, 2D, *1A, 3D* 2 veces, 6D, 1A, 4D, 1A, 6D. (32 ps).

V 6: 3D, *1A, 4D* 3 veces, 5D, 1A, 6D, 1A, 6D. (37 ps).

V 8: 3D, 1A, 5D, *1A, 6D* 2 veces, 3D, 1A, 8D, 1A, 6D. (42 ps).

Vs 10 a 14: Unir el CP y D.

V 15: 3D, *ddD, 2D* 2 veces, *2pjD, 2D* 2 veces, des1 dirR, thdl, gira. (38 ps).

V 16: Des1 dirR, thdl, R14, des1 dirR, pha, gira.

V 17: Des1 dirR, pha, 2D, ddD, 1D, ddD, *2pjD, 1D* 2 veces, des1 dirR, thdl, gira. (34 ps).

V 18: Des1 dirR, thdl, 8R, des1 dirR, pha, gira.

V 19: Des1 dirR, pha, *ddD* 2 veces, *2pjD* 2 veces, recoge el envuelto y D junto con el p siguiente 2 veces, D hasta el final de la v. (30 ps).

V 20: Recoge el envuelto y D junto con el p siguiente 2 veces, D hasta el final de la vuelta, gira.

Ordena los puntos: Pon los primeros 22 ps en una aguja recta de 5 mm para la parte trasera del zapato y pasa los últimos 8 ps para la lengüeta a un sujetapuntos.

Talla: 3-12 meses (largo 10,5 cm, ancho 7 cm, altura 7 cm).

Lana: Stylecraft Special Chunky (100% acrílico; 100 g; 144 m): CP verde prado (tono 1065) 25 g; CC1 marrón claro (tono 1420) 25 g; Sirdar Hafield Bonus DK (100% acrílico, 100 g; 280 m) CC2 naranja zorro (tono 779) 10 g. Ver página 140 para más referencias.

Agujas: Adp de 5 mm y agujas rectas de 5 mm; 2 apd de 3,25 mm.

Accesorios: Sujetapuntos.

Tensión: Cuadrado de 10 cm = 16 ps × 22 vs en punto jersey con agujas de 5 mm con el CP.

Elaboración: Tejido en plano y en redondo.

Habilidades requeridas: Hacer un cordón tejido, aumentos pasando hebra y disminuciones.

PARTE TRASERA DEL ZAPATO

Teje los 22 puntos adelante y atrás (en plano) en el CP y empieza con el LR hacia ti.

V 21: 1D, 1A, ph, 2pjR, 16R, ph, 2pjR, 1A, 1D. (24 ps).

V 22 y cada v alt: D.

V 23: 2D, R hasta los 2 últimos ps, 2D.

V 25: 2D, ph, 2pjR, 16R, ph, 2pjR, 2D. (24 ps).

V 27: Rep v 23.

V 29: Rep v 25.

V 31: Rep v 22.

Cierra los 24 ps.

LENGÜETA

Teje los 8 ps sujetados adelante y atrás (en plano) en el CP y empieza con el LD hacia ti.

V 21: Ddad, 6D, Ddad. (12 ps).

Vs 22 a 30: Empieza y acaba con una v R, teje en p jer 9 vs.

V 31: 4D, ddD, 2pjD, 4D. (10 ps).

Vs 32 y 34: R.

V 33: 3D, ddD, 2pjD, 3D. (8 ps).

Cierra los 8 ps.

CORDONES – HAZ 2

Con 2 adp de 3,25 mm y el CC2, monta 3 ps y haz un cordón tejido de 34 cm de largo (ver página 131). Cierra.

ACABADO

Cose la costura al fondo de la suela y enhebra los cordones tejidos a través de los ojales.

Truco Ddad es una disminución doble: teje por delante y por atrás el siguiente punto, y luego por delante otra vez para tejer 2 puntos adicionales.

Bolso safari

Este bolso en punto bobo guardará los juguetes favoritos de tu aventurero mientras mantiene recogida la zona de juegos.

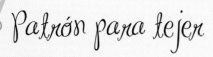

Patrón para tejer

CORREA – HAZ 1
Con el CC1 y agujas de 5 mm, monta 9 ps y teje en punto bobo 68 cm o el largo que desees para la correa. Cierra los ps.

CUERPO – HAZ 1
Con el CP y agujas de 5 mm, monta 26 ps y teje en punto bobo 29 cm. Cierra los ps.

LATERALES – HAZ 2
Con el CP y agujas de 5 mm, monta 8 ps y teje en punto bobo 8,5 cm. Cierra los ps.

LENGÜETAS – HAZ 2
Con el CC2 y agujas de 5 mm, monta 6 ps y teje en punto bobo 3 cm.
Sig v: 3D, ph, 2pjD, 1D. (6 ps).
Sig 2 vs: D.
Cerrar.

ACABADO
Alinea los bordes de montado del cuerpo con las piezas laterales y cose el lado de cada pieza lateral en el cuerpo. Envuelve la pieza del cuerpo sobre la base y el otro borde de las piezas laterales, y cóselos juntos. El resto del la pieza del cuerpo es la solapa frontal. Cose las lengüetas en la parte frontal y los finales de la correa en la parte trasera del bolso. Cose un par de botones delante del bolso, debajo de los ojales de las lengüetas.

Truco Para tejer en punto bobo, teje del derecho cada vuelta. Para un acabado más pulcro de los bordes de las piezas en punto bobo, desliza el último punto de cada vuelta al revés, con la hebra por delante de la labor.

Talla: 14 cm de ancho, 9 cm de alto y 4 cm de fondo.

Lana: Stylecraft Special Aran (100% acrílico; 100 g; 196 m): CP verde prado (tono 1065) 50 g; CC1 marrón claro (tono 1420) 50 g; CC2 beige (tono 1218) 60 g. Ver página 140 para más referencias.

Otros materiales: 2 botones (12 mm de diámetro).

Agujas: Agujas rectas de 5 mm.

Accesorios: Aguja lanera o de zurcido.

Tensión: Cuadrado de 10 cm = 18 ps × 36 vs en punto bobo con agujas de 5 mm con el CP.

Elaboración: Tejido en plano.

Habilidades requeridas:
Coser, hacer ojales.

Capítulo 2

En la jungla

En este capítulo conocerás algunos simpáticos monos, hipopótamos, rinocerontes, elefantes y tigres. Estos proyectos incluyen calzado, un gorro y un adorable, aunque desafiante, mono.

Sonajero mono e hipopótamo

Estos pequeños sonajeros con mangos a rayas están confeccionados con el mismo patrón básico. El tejido con colores intarsia se usa para hacer los ojos del mono.

MONO

SONAJERO – HAZ 1

Con el CC1 y agujas de 4 mm, monta 7 ps.

Vs 1 y 3: R.

V 2: 1D, *Dda* 6 veces. (13 ps).

V 4: 1D, *Dda, 1D* 6 veces. (19 ps).

Vs 5 a 26: Une el CP y teje rayas de 2 vs CP y después 2 vs CC1, rep la secuencia. Empieza con una v R, y teje en p jer 22 vs.

V 27: Con el CC1, *2pjR* 9 veces, 1R. (10 ps).

V 28: Une el CC2. 1D, *Dda* 9 veces. (19 ps).

V 29 y cada v sig alt: R con el CC2.

V 30: Con el CC2, 1D, *Dda* 18 veces. (37 ps).

V 32: Con el CC2, 5D, *8D, Dda* 3 veces, 4D. (41 ps).

V 34: Con el CC2, 5D, Dda, *9D, Dda* 3 veces, 5D. (45 ps).

Vs 35 a 41: Con el CC2 y empezando y terminando con una v R, teje en p jer 7 vs.

V 42: Con el CC2 5D, *ddD, 9D, 2pjD* 9 veces, rep de * a *, 5D. (41 ps).

V 44: Con el CC2 5D, *ddD* 2 veces, 1D, 2pjD, 1D, *2pjD* 2 veces, 7D, *ddD* 2 veces, 1D, ddD, 1D, *2pjD* 2 veces, 5D. (31 ps).

V 45: Teje los ojos con intarsia. CP 12R, CC2 7R, CP 12R.

V 46: CP 12D, CC2 7D, CP 12D.

V 47: Rep v 45.

V 48: CP 13D, CC2 5D, CP 13D.

Teje todas las vs res en CP.

Vs 49 a 53: Empieza y termina con una v R, y teje en p jer 5 vs.

V 54: 1D, *2pjD, 1D* 10 veces. (21 ps).

V 56: *2pjD* 10 veces, 1D. (11 ps).

Corta el hilo, pásalo a través de los ps y únelos para cerrar. Cose los bordes juntos, añade el relleno mientras coses, y termina uniendo los puntos de montado del fondo del mango del sonajero. Borda la boca con lana negra y cose un par de botones negros encima de cada pequeño círculo de fieltro blanco a modo de ojos. Cóselos en el sonajero.

Talla: Aprox 15 × 7 cm.

Lana: Sirdar Hayfield Bonus DK (100% acrílico; 100 g; 280 m). Mono: CP marrón trigo (tono 816) 25 g; CC1 blanco (tono 961) 25 g; CC2 amarillo brillante (tono 819) 25 g. Hipopótamo: CP azul pastel (tono 960) 25 g; CC1 blanco (tono 961) 25 g. Ver página 140 para más referencias.

Otros materiales: 50 g de relleno para juguetes de poliéster para cada sonajero, 2 botones (6 mm de diámetro) para los ojos de cada sonajero, pequeños círculos de fieltro y lana negra para bordar.

Agujas: Agujas rectas de 4 mm.

Accesorios: Aguja lanera o de zurcir.

Tensión: Cuadrado de 10 cm = 22 ps × 28 vs en punto jersey con agujas de 4 mm con el CP.

Elaboración: Tejido en plano.

Habilidades requeridas: Tejer rayas, costuras; intarsia para la cara del mono.

OREJAS DEL MONO – HAZ 2

Con el CP y agujas de 4 mm, monta 15 ps.

Vs 1, 3, y 5: R.

V 2: *2pjD, 1D* hasta el final. (10 ps).

V 4: *2pjD* hasta el final. (5 ps).

Corta el hilo, pásalo por los puntos, únelos para cerrarlos en el centro de la oreja y cose los bordes juntos para hacer un círculo. Cose una oreja en cada lado de la cabeza del mono.

HIPOPÓTAMO

Confecciona como el mono, tejiendo las vs 28 a 56 en CP sólo. Borda pequeños círculos a modo de orificios nasales en la cara. Teje las orejas como las del mono pero monta 12 ps en CP, disminuye a 4 ps y cóselas en la cabeza.

Body tigre

Este body con capucha a rayas de tigre y calcetines a juego (ver página 30) mantendrá a tu bebé abrigado. Tejido en punto bobo, este patrón incorpora tejido con intarsia y rayas, pero puedes hacerlo de un color para confeccionarlo con más facilidad. Aunque se teja en plano, ya que hay muchos puntos para tejer en el cuerpo, quizá sea más fácil de tejer con agujas circulares hacia delante y hacia atrás.

Talla: 0-3 meses (pecho 46 cm); 3-6 meses (pecho 50 cm); 6-12 meses (pecho 54 cm). El tamaño de la muestra es de 0-3 meses.

Lana: Sirdar Hayfield Bonus DK (100% acrílico; 100 g; 280 m): CP naranja brillante (tono 981) 100 g; CC1 blanco (tono 961) 100 g; CC2 gris oscuro (tono 790) 100 g. La muestra con naranja oscuro (página 29) usa como CP zorro (tono 779). Ver página 140 para más referencias.

Otros materiales: 5 botones (15 mm de diámetro) para el cierre frontal.

Agujas: Agujas rectas de 4,5 y 5 mm, y agujas circulares de 5 mm en 40 cm.

Accesorios: Sujetapuntos (también puedes usar unas agujas circulares libres o trozos de lana de desecho.

Tensión: Cuadrado de 10 cm = 20 ps × 40 vs en punto bobo con agujas de 5 mm con el CP.

Elaboración: Tejido en plano y en redondo.

Habilidades requeridas: Ojales, tejido intarsia, tejer rayas y levantar puntos.

Patrón para tejer

PIERNA IZQUIERDA – HAZ 1

Con agujas de 4,5 mm y CC1, monta 34 (38, 42) ps.

Vs 1 a 8: *1D, 1R* hasta el final.

Cambia a agujas de 5 mm.

V 9: [LR] D.

Cambia a CP.

Vs 10 a 17: D.

Une los nuevos colores y teje a rayas según la secuencia sig:

2 vs CC1, 6 vs CC2, 2 vs CC1, 8 vs CP y rep la secuencia.

V 18: Dda, D hasta el último p, Dda. (36 [40, 44] ps).

Vs 19 a 21: D.

Rep vs 18-21 hasta que tengas 52 (56, 60) ps, entonces cont tejiendo en punto bobo hasta que la pernera mida 19 (22, 26) cm, y termina con una v LR.

Sig v LD: Cierra los primeros 4 ps, D hasta los últimos 4 ps, cierra los últimos 4 ps. (44 [48, 52] ps).

Teje 6 vs en punto bobo ** y coloca los 44 (48, 52) ps en un sujetapuntos. Los usarás para el frontal.

PIERNA DERECHA – HAZ 1

Teje como la pernera derecha hasta **. Coloca la pernera derecha y la izquierda en una aguja circular de 5 mm con el LR hacia ti. Teje estos 88 (96,104) ps para el cuerpo, elabora el primer ojal después de tejer 3 cm del cuerpo, y los siguientes ojales cada 6 cm después de ese.

Para niños, teje los ojales en las vs LD cerrando el 3r y 4o ps del final de la hilera. En la siguiente v [LR] 2D, y monta 2 ps nuevos encima de los que has cerrado.

Para niñas, cierra el 3r y 4o ps del principio de la v LD, y monta 2 ps encima de estos en la siguiente v LR.

CUERPO – HAZ 1

Teje en plano (atrás y adelante) y cont la secuencia de rayas de colores pero D el primero y los últimos 6 puntos de todas las vs en CC1 para la franja de los botones usando el método intarsia (ver página 133) para cambiar colores.

V 1: Monta 4 ps en CC1 al prin de la v, 6D en CC1, en el color de la raya D hasta los últimos 2 ps, en CC1 2D y monta 4 ps al final de la v. (96 [104, 112] ps).

Trabaja en punto bobo a rayas hasta que la pieza mida 42 (45, 49) cm, terminando por el LR. Estos ps se distribuyen en 26 (28, 30) para el frontal izquierdo, 44 (48, 52) ps para la espalda y 26 (28, 30) ps para el frontal derecho.

FRONTAL IZQUIERDO

Cont la secuencia de rayas de colores pero teje los primeros 6 ps en CC1 para la franja de botones en las vs LD y los últimos 6 ps en CC1 en las vs de LR.

V 1: [LD] 26 (28, 30) D, colocar los ps res en un sujetapuntos. Los utilizaremos para la espalda y el frontal derecho.

Vs 2 a 12: Teje en punto bobo y en todas las vs LR monta puntos para la manga como sigue:

Vs 4 y 6: Monta 3 ps, D hasta el final.

Vs 8 y 10: Monta 4 ps, D hasta el final.

V 12: Monta 12 ps. (54 [56, 58] ps).

Vs 13 a 17: D.

V 18: [LR] D hasta los últimos 6 ps, colocar los 6 últimos ps de la franja de los botones en un sujetapuntos (se usarán para la capucha). (48 [50, 52] ps).

Continua tejiendo la secuencia de colores a rayas mientras confeccionas el frontal izquierdo del cuello.

V 1: ddD, D hasta el final. (47 [49, 51] ps).

V 2: D.

Rep estas 2 vs hasta los últimos 42 (49, 52) ps. Teje en punto bobo hasta que la sisa sea de 9 (10, 11,5) cm de ancho. Cierra los puntos.

ESPALDA

Empieza con el LD hacia ti y trabaja las rayas en la secuencia de colores.

V 1: [LD] Pasa los 44 (48, 52) ps de la espalda del sujetapuntos a las agujas. Deja los ps res para el frontal derecho en el sujetapuntos. 44 (52, 56) D ps.

V 2: Monta 2 ps al prin de la v, D los ps res, monta 2 ps al final de la v. 48 (52, 56) ps.

V 3: D hasta el final, monta 3 ps.

V 4: D hasta el final, monta 3 ps.

V 5: D hasta el final, monta 3 ps.

V 6: D hasta el final, monta 3 ps.

V 7: D hasta el final, monta 4 ps.

V 8: D hasta el final, monta 4 ps.

V 9: D hasta el final, monta 4 ps.

V 10: D hasta el final, monta 4 ps.

V 11: D hasta el final, monta 12 ps.

V 12: D hasta el final, monta 12 ps. (100 [104, 108] ps).

Continúa tejiendo en punto bobo hasta que el ancho de la sisa sea de 9 (10, 11,5) cm y la espalda del mismo largo que el frontal izquierdo. Cierra los puntos.

FRONTAL DERECHO

Cont con la secuencia de rayas de colores pero teje los primeros 6 ps en CC1 para la franja de botones en las vs de LR y los últimos 6 ps en CC1 en las vs de LD. Pasa los 26 (28, 30) ps para el frontal derecho del sujetapuntos a las agujas.

V 1: [LD] 26 (28, 30) D.

Vs 2 a 17: repite como el frontal izquierdo, montando ps al final (no al prin) de la v en todas las vs LR. (54 [56, 58] ps).

V 18: D.

V 19: [LD] D hasta los últimos 8 ps, 2pjD, colocar los últimos 6 ps para la franja de botones en un sujetapuntos hasta que estés listo para tcjcr la capucha. (47 [49, 51] ps).

Teje las vs res del frontal derecho con la secuencia de rayas de colores para el cuello.

V 1: [LR] D.

V 2: D hasta los últimos 2 ps, 2pjD. (46 [48, 50] ps).

Rep estas 2 vs hasta los últimos 42 (44, 46) ps. Teje en punto bobo hasta que el ancho de la sisa sea de 9 (10, 11,5) cm. Cierra los puntos. Cose la costura superior de las mangas para unir frontal y espalda.

PUÑOS

Con el LD hacia ti, con CC1 y agujas rectas de 4,5 mm, levanta un número impar de ps uniformemente a lo largo del final de una manga.

V 1: *1D, 1R* hasta el último p, 1D.

V 2: *1R, 1D* hasta el último p, 1R.

Rep las vs 1 y 2 hasta que el puño mida 3,5 cm, cierra los puntos holgadamente. Rep para la otra manga, cose las costuras inferiores de la manga para unir el interior del brazo.

CAPUCHA – HAZ 1

Coloca los 6 ps de la franja de botones del frontal izquierdo en una aguja de 5 mm con el LR hacia ti.

V 1: 6D en CC1, levanta un número par de ps alrededor del cuello y la espalda del cuerpo con el CP, y añade los 6 ps de la franja de botones del frontal derecho a la aguja.

Confecciona los primeros y últimos 6 ps de cada v en CC1 y los ps res en CP. Teje en punto bobo hasta que la capucha mida 20 (23, 26) cm.

Divide los puntos uniformemente en dos agujas y cose la parte superior de la capucha.

OREJAS – HAZ 2

Con agujas de 5 mm y CC2, monta 30 ps. Teje las vs 1 y 2 con CC2 y las vs res con CC1.

V 1 y cada v alt: D.

V 2: *2pjD, 3D* hasta el final de la v. (24 ps).

V 4: *2pjD, 2D* hasta el final de la v. (18 ps).

V 6: *2pjD, 1D* hasta el final de la v. (12 ps).

V 8: *2pjD* hasta el final de la v. (6 ps).

Corta la hebra, enhébrala por los puntos y une para cerrar. Cose los bordes de las orejas en la parte superior de la capucha para que los puntos dc montado formen la parte externa de la oreja.

ACABADO

Cose la parte interna de las perneras y los botones debajo de los ojales en el frontal.

Calcetines a rayas de tigre

Estos calcetines de tigre se tejen de los dedos hacia arriba en bloques de rayas. Puedes hacerlos más pequeños usando agujas de 3,5 mm y lana más fina, o confeccionarlos más grandes con agujas de 4,5 mm y lana más gruesa. Si es la primera vez que tejes unos calcetines, quizá sea más fácil elaborar el patrón en un solo color o con lana multicolor.

Talla: 3-6 meses (largo 10-11 cm).

Lana: Sirdar Hafield Bonus DK (100% acrílico; 100 g; 280 m): CP blanco (tono 961) 25 g; CC1 gris oscuro (tono 790) 25 g; CC2 naranja brillante (tono 981) 25 g. Ver página 140 para más referencias.

Agujas: Adp de 4 mm.

Tensión: Cuadrado de 10 cm = 22 ps × 28 vs en punto jersey con agujas de 4 mm con el CP.

Elaboración: Tejido en redondo.

Habilidades requeridas: Vueltas cortas, envolver y girar puntos.

Patrón para tejer

CALCETINES – HAZ 2

Con el CC1 y adp de 4 mm, monta 12 ps divididos en 2 adp
como sigue: sujeta las adp paralelas y monta 6 ps en cada una de
las dos agujas, monta el 1r p en la aguja delantera, el 2o en la
aguja trasera, y repite para unir la costura del dedo.

V 1: D y coloca los ps en 3 adp: 6 ps (empeine), 3 ps (suela)
y 3 ps (suela).

V 2: *1D, 1A, 6D, 1A, 1D* dos veces. (16 ps).

Vs 3 y 5: D.

V 4: *1D, 1A, 6D, 1A, 1D* 2 veces. (20 ps).

V 6: *1D, 1A, 8D, 1A, 1D* 2 veces. (24 ps).

V 7: D.

Vs 8 a 15: D con el CC2.

Vs 16 a 23: D con CP.

V 24: D con el CC1.

TALÓN

Dale forma al talón con vueltas cortas y el CC1.

V 1: 23D, eyg el último p.

V 2: 10R, eyg.

V 3: 9D, eyg.

V 4: 8R, eyg.

V 5: 7D, eyg.

V 6: 6R, eyg.

V 7: 6D, eyg (el punto envuelto tiene dos bucles).

Recoge los envueltos y téjelos con los ps en las vs sigs:

V 8: 7R, eyg.

V 9: 8D, eyg.

V 10: 9R, eyg.

V 11: 11D.

Sig v: D una vuelta en CC1. (24 ps).

PIERNA

Teje la pierna en redondo:

V 1: D con CP.

V 2: *2D, 2R* hasta el final de v.

Rep v 2 hasta que la pieza elástica mida 6 cm. Cierra sin apretar.

ACABADO

Remata los cabos sueltos.

Truco Para envolver y girar (eyg) puntos, teje hasta donde
tengas que girar. Desliza el siguiente punto de la
aguja izquierda a la aguja derecha, envuélvelo con
la hebra para trabajar, y deslízalo de vuelta a la aguja
izquierda. Gira el tejido. Cuando te toque tejer un
punto envuelto, coge el envuelto y téjelo junto con
el punto que envuelve. Ver páginas 128-130 para
obtener más información al respecto.

Gorro elefante

Este pequeño sombrero tiene una tira para sujetarlo a la cabeza del bebé por la barbilla, y también una trompa y unas orejas para que se divierta. Teje cada vuelta del derecho para hacer punto bobo. Añade cuernos u orejas de oso para crear una colección de gorros animales.

Talla: 12-36 meses (para una circunferencia de cabeza de 44-50 cm).

Lana: King Cole Big Value Chunky (100% acrílico; 100 g; 152 m) CP gris (tono 547) 100 g. Ver página 140 para más referencias.

Otros materiales: 1 botón para la tira (12 mm de diámetro), 2 botones para los ojos (12 mm de diámetro) y círculos de fieltro blanco.

Agujas: Agujas rectas de 5 mm.

Tensión: Cuadrado de 10 cm = 15 ps × 24 vs en punto jersey con agujas de 5 mm con el CP.

Elaboración: Tejido en plano.

Habilidades requeridas: Aumentos y disminuciones, patrones elásticos, costura.

Patrón para tejer

GORRO – HAZ 1

Con agujas de 5 mm y CP, monta 8 ps.
V 1 y cada v alt: R [LR].
V 2: 1D, *Dda* 7 veces. (15 ps).
V 4: 1D, *Dda, 1D* 7 veces. (22 ps).
V 6: 1D, *Dda, 2D* 7 veces. (29 ps).
V 8: 1D, *Dda, 3D* 7 veces. (36 ps).
V 10: 1D, *Dda, 4D* 7 veces. (43 ps).
V 12: 1D, *Dda, 5D* 7 veces. (50 ps).
V 14: 1D, *Dda, 6D* 7 veces. (57 ps).
V 16: 1D, *Dda, 7D* 7 veces. (64 ps).
V 18: 1D, *Dda, 8D* 7 veces. (71 ps).
Sig vs: Teje en p jer hasta que la pieza mida 15,5 cm de largo.
Sig vs: Teje 3 vs en punto bobo (D cada vuelta).
Sig v: 23D, cierra 25 ps para el borde, D los ps res. (46 ps). Corta la hebra dejando un cabo de 15,5 cm.

Pasa los 2 grupos de 23 ps a una aguja para que se unan en el centro por detrás. Con el LR hacia ti, D todos los ps (46 ps). Teje en p jer 3 cm.
Sig v: 6D, cierra hasta los últimos 6 ps, 6D. (12 ps).

En los 6 ps que acabas de tejer, teje en punto bobo 3 cm para crear una tira. Cierra estos 6 ps.

Con el LR hacia ti, une la lana a los 6 ps res y teje en punto bobo 18 cm o el largo requerido para que la tira vaya por debajo de la barbilla.
Sig v (hacer ojal): 2D, ph, 2pjD, 2D. (6 ps).
Teje 2 vs más en punto bobo. Cierra los puntos.

ACABADO

Cose la costura central trasera del gorro y une los puntos de montado con el cabo de lana suelto. Cose un botón a la tira corta para la barbilla.

TROMPA – HAZ 1

Con agujas de 5 mm y CP, monta 10 ps.
V 1: R.
V 2: *Dda* 10 veces. (20 ps).
Vs 3, 4 y 5: R.
Vs 6 y 7: D.
Vs 8 y 9: R.
Vs 10 a 29: Rep vs 6-9 5 veces.

Vs 30 a 31: Rep vs 6 y 7.
Cierra dejando una hebra de 15,5 cm. Cose los lados juntos y une los puntos de montado al extremo de la trompa con una hebra. Cose el borde del cierre en la parte delantera del gorro y cose los ojos de botón encima del fieltro.

OREJAS – HAZ 2

Con agujas de 5 mm y CP, monta 9 ps.
V 1 y cada v alt: D.
V 2: 1D, *Dda, 1D* hasta el final. (13 ps).
V 4: 1D, *Dda, 2D* hasta el final. (17 ps).
V 6: 1D, *Dda, 3D* hasta el final. (21 ps).
V 8: 1D, *Dda, 4D* hasta el final. (25 ps).
V 10: 1D, *Dda, 5D* hasta el final. (29 ps).
V 12: 1D, *2pjD, 5D* hasta el final. (25 ps).
V 14: 1D, *2pjD, 4D* hasta el final. (21 ps).
V 16: 1D, *2pjD, 3D* hasta el final. (17 ps).
V 18: 1D, *2pjD, 2D* hasta el final. (13 ps).
V 20: 1D, *2pjD, 1D* hasta el final. (9 ps).
Cierra los puntos. Cose los bordes del cierre en los lados del gorro.

Botas rinoceronte

Estas pequeñas botas tienen una caña elástica para que no se deslicen de los pies del bebé durante su ocupado día en el zoo, y un cuerno para que destaquen entre la multitud.

Patrón para tejer

BOTAS – HAZ 2
Con agujas de 5 mm y CP, monta 25 (29) ps.
Vs 1, 3 y 5: D.
V 2: 1D, 1A, 11 (13) D, 1A, 1D, 1A, 11 (13) D, 1A, 1D. (29 [33] ps).
V 4: 2D, 1A, 11 (13) D, 1A, 3D, 1A, 11 (13) D, 1A, 2D. (33 [37] ps).
V 6: 3D, 1A, 11 (13) D, 1A, 5D, 1A, 11 (13) D, 1A, 3D. (37 [41] ps).
Sig vs: Teje 10 (12) vs en punto bobo.

Para dar forma a la parte superior de la bota:
V 1: 22 (24) D, 2pjD, des1, thdl, gira. (36 [39] ps).
V 2: Des1, 8D, 2pjD, des1, thdl, gira. (35 [39] ps).
Rep v 2 hasta los últimos 25 (29) ps.
Sig V: Des1, D hasta el último p, 1A, 1D. (26 [30] ps).
Sig V: D. Cambia a agujas de 4,5 mm.
Sig V: *2D, 2R* hasta los últimos 2 ps, 2D.
Sig V: *2R, 2D* hasta los últimos 2 ps, 2R.
Rep las 2 últimas vs hasta que la pieza elástica tenga 8 (10) cm de largo.
Cierra de forma elástica.
Cose los bordes juntos para unir la costura trasera, entonces cose la suela.

CUERNO – HAZ 1 PARA CADA BOTA
Con agujas de 4 mm y el CC, monta 15 ps.
V 1 y cada v alt: [LR] R.
V 2: 5D, 2pjD, 1D, ddD, 5D. (13 ps).
V 4: 4D, 2pjD, 1D, ddD, 4D. (11 ps).
V 6: 3D, 2pjD, 1D, ddD, 3D. (9 ps).
V 8: 2D, 2pjD, 1D, ddD, 2D. (7 ps).
V 10: 1D, 2pjD, 1D, ddD, 1D. (5 ps).
V 12: 2pjD, 1D, ddD. (3 ps).
Corta la hebra dejando un cabo de 15,5 cm. Enhebra el cabo a través de los puntos y únelos para cerrarlos. Cose los lados del cuerno juntos, y añade relleno a medida que coses. Cose el borde de montado de los cuernos encima de las botas.

Talla: 3-6 meses (largo 11 cm, ancho 7 cm); 6-12 meses (largo 13 cm, ancho 8 cm). El tamaño de la muestra es de 3-6 meses.

Lana: Stylecraft Special Aran (100% acrílico; 100 g; 196 m): CP azul margarita (tono 1003) 50 g. Sirdar Hayfield Bonus DK (100% acrílico; 100 g; 280 m): CC blanco (tono 961) 20 g. Ver página 140 para más referencias.

Otros materiales: Un poco de relleno para juguetes para el cuerno.

Agujas: Agujas rectas de 4 mm, 4,5 mm y 5 mm.

Tensión: Cuadrado de 10 cm = 18 ps × 24 vs en punto jersey con agujas de 5 mm con el CP.

Elaboración: Tejido en plano.

Habilidades requeridas: Girar la labor, coser y patrones de elástico.

Truco La instrucción «thdl» significa que tienes que traer la hebra para trabajar hacia delante de la labor, entre las agujas, y seguir tejiendo.

Capítulo 3

La casa de los reptiles

Estos reptiles son adorables, e incluyen accesorios de bebé, juguetes, calentadores y unas pequeñas y divertidas cestas de almacenaje para alegrar el cuarto del pequeño.

Bufanda serpiente

Esta bufanda confeccionada en punto bobo es un proyecto fácil para empezar y terminar enseguida. Las rayas son una original manera de usar lanas de desecho que tengas de otros proyectos.

Talla: 8 cm de ancho, 73 cm de largo.

Lana: Sirdar Hafield Bonus DK (100% acrílico; 100 g; 280 m): CP verde hierba (tono 825) 50 g; CC1 blanco (tono 961) 25 g; CC2 rojo clásico (tono 883) 25 g. CC (colores de las rayas): he usado una combinación de 25 g de los siguientes: amarillo brillante (tono 819), azul pastel (tono 960), naranja zorro (tono 779), crema (tono 993), azul vaquero (tono 994), rosa helado (tono 958), gris claro (tono 814), lila (tono 959). Ver página 140 para más referencias.

Otros materiales: 2 botones (6 mm de diámetro) y un poco de relleno para juguetes.

Agujas: Agujas rectas de 4 mm.

Tensión: Cuadrado de 10 cm = 22 ps × 38 vs en punto bobo con agujas de 4 mm con el CP.

Elaboración: Tejido en plano.

Habilidades requeridas: Aumentos y disminuciones, tejer rayas.

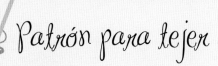

Patrón para tejer

BUFANDA

CABEZA
Con agujas de 4 mm y CP, monta 4 ps.
V 1: D.
V 2: Dda, D hasta el último p, Dda. (6 ps).
Rep vs 1 y 2 hasta que tengas 22 ps, y teje 9 vs en punto bobo.
Sig v: ddD, D hasta los últimos 2 ps, 2pjD. (20 ps).
Sig v: D.
Rep las últimas 2 vs (18 ps), entonces teje 8 vs en punto bobo **.

CUERPO
Continua tejiendo los 18 ps en rayas de punto bobo de 2 vueltas en CP y 2 en CC, cambiando el CC cada 5 cm, hasta que la pieza mida 62 cm.
Puedes tejer cualquier patrón de rayas que quieras o tejer en bloques de color.
Si eliges cambiar de color cada 2 vueltas, lleva el color que no uses hacia arriba por el lateral del tejido para no tener que rematar muchos cabos al final.

COLA

Cont tejiendo los 18 ps y haz 10 vs en punto bobo en el CP.
Sig v: ddD, D hasta los últimos 2 ps, 2pjD. (18 ps).
Sig v: D.
Rep las últimas 2 vs hasta los últimos 2 ps. Cerrar los puntos.

OJOS – HAZ 2

Con agujas de 4 mm y CP, monta 6 ps.
V 1: D.
V 2: Dda, D hasta el último p, Dda. (8 ps).
Rep vs 1 y 2 hasta que tengas 12 ps.
Sig v: D con CP.
Sig v: D con CC1.
Sig v: Con el CC1, 2pjD, D hasta los últimos 2 ps, 2pjD. (10 ps).
Rep las últimas 2 vs hasta que tengas 6 ps en CC1. Corta la hebra y pásala a través de los puntos para cerrarlos. Usa el cabo para coser una puntada simple por el borde lateral del ojo. Tira de la hebra para unir los puntos y añade un poco de relleno para hacer una bola. Cose un botón negro en el ojo y cose este en la cabeza.

PARTE INFERIOR DE LA CABEZA

Con agujas de 4 mm y CC2, monta 3 ps. Teje 5 vs en punto bobo, corta la hebra y mantén los 3 ps en la aguja. Rep desde * hasta *, en la sig v teje D los 3 ps que has tejido y entonces D los 3 puntos que has guardado antes. (6 ps).
Sig v: 2D, 2pjD, 2D. (5 ps).
Sig v: 2D, 2pjD, 1D. (4 ps).
Teje 4 vs en punto bobo. Cambia al CP y sigue el patrón de la cabeza desde la vuelta 1 hasta **. Cierra los puntos. Cose el borde del cierre en el LR de la bufanda y une las dos piezas de la cabeza en frente de la lengua. Deja los lados abiertos para poder pasar la bufanda.

Mitones serpiente

Estos mitones tienen una caña muy larga para mantener los bracitos abrigados. Es un patrón fácil de elaborar si quieres practicar cómo tejer en redondo. Aun así, si deseas un proyecto más sencillo, puedes tejerlos de un solo color.

Talla: 6-12 meses (circunferencia de hasta 16 cm, largo 20 cm); 12-18 meses (circunferencia de hasta 16 cm, largo 22 cm). El tamaño de la muestra es de 6-12 meses.

Lana: Sirdar Hayfield Bonus DK (100% acrílico; 100 g; 280 m): CP verde hierba (tono 825) 50 g; CC1 amarillo brillantes (tono 819) 25 g; CC2 blanco (tono 961) 25 g; CC3 rojo clásico (tono 833) 25 g. Ver página 140 para más referencias.

Otros materiales: 4 botones (6 mm de diámetro).

Agujas: Adp de 4 mm y agujas rectas.

Tensión: Cuadrado de 10 cm = 22 ps × 22 vs en punto jersey con agujas de 4 mm con el CP.

Elaboración: Tejido en redondo.

Habilidades requeridas: Tejer patrones elásticos, cambiar colores en redondo.

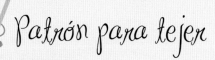

Patrón para tejer

MITONES – HAZ 2

CAÑA

Con adp de 4 mm y CP, monta 30 (34) ps y une en círculo.

V 1: *1D, 1R* hasta el final de la v.

V 2: Une el CC1 y repite la v 1.

Rep vs 1 y 2 hasta que la pieza mida 8,5 (9,5) cm de largo, terminando con la v 2.

Sig v: Rep v 1.

MITÓN

Teje todas las vs res con CP.

V 1: 2 (4) D, *1A, 5D* 5 veces, 1A, 3 (5) D. (36 [40] ps).

Teje del D cada v hasta que la pieza mida 15,5 (16,5) cm.

CM después del p 18 (20).

> **Truco** Cuando cambies los colores, mantén la lana que no uses en el lado revés de la labor. Asegúrate que todas las hebras sueltas y los botones están bien sujetos, para evitar que los niños puedan tragarse las piezas pequeñas.

PARTE SUPERIOR DEL MITÓN

V 1: 1D, ddD, D hasta 3 ps antes del marcador, 2pjD, 1D, dm, 1D, ddD, D hasta los últimos 3 ps, 2pjD, 1D. (32 [36] ps).

V 2: D.

Rep vs 1 y 2 hasta los últimos 12 ps.

Sig v: Rep v 1. (8 ps).

Cortar hebra, enhebrar a través de los ps y unir para terminar el mitón.

OJOS – HAZ 4

Con agujas rectas de 4 mm y CC2, monta 4 ps.

V 1 y cada v alt: [LR] R.

V 2: [LD] Dda, D hasta el último p, Dda. (6 ps).

V 4: Rep v 2. (8 ps).

V 6: Cambia a CP, D. (8 ps).

V 8: 2pjD, D hasta los últimos 2 ps, 2pjD. (6 ps).

V 10: Rep v 8. (4 ps).

V 11: R.

Cortar la hebra, enhebrar a través de los puntos y unir para cerrar. Cose una puntada simple por el borde de la pieza tejida y tira de la lana para unir los puntos y formar una bola con el LD hacia fuera. Asegura la lana. Cose un botón pequeño encima. Cose los dos ojos en cada mitón.

LENGUA – HAZ 2

Con agujas rectas de 4 mm y CC3, monta 10 ps usando el montado a la inglesa (ver página 118).

V 1: Cierra 4 ps, D hasta el final. (6 ps).

V 2: Cierra 5 ps (queda 1 p), monta 3 ps. (4 ps).

Cierra todos los ps, remata las hebras y cose la lengua por debajo del mitón.

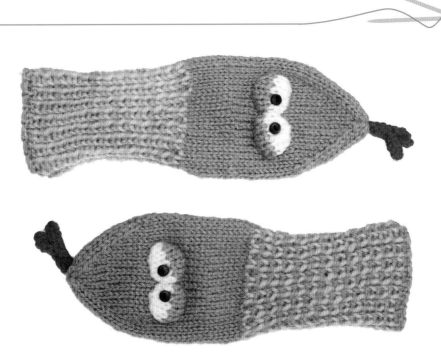

Serpiente de juguete

Una serpiente de juguete con forma curva, confeccionada tejiendo vueltas cortas a lo largo del cuerpo. Esta serpiente versátil puede envolverse en la cuna o en el cochecito para que los más pequeños tengan horas de diversión.

Talla: Largo aprox de 108 cm, el cuerpo es de 6 cm de ancho.

Lana: Stylecraft Special Aran (100% acrílico; 100 g; 196 m): CP verde prado (tono 1065) 100 g; CC1 azul margarita (tono 1003) 50 g; CC2 blanco (tono 1001) 50 g; CC3 rosa fondant (tono 1241) 50 g. Ver página 140 para más referencias.

Otros materiales: Aprox 150 g de relleno para juguetes, 2 botones negros (10 mm de diámetro).

Agujas: Agujas rectas de 4,5 mm.

Tensión: Cuadrado de 10 cm = 20 ps × 36 vs en punto jersey con agujas de 4,5 mm con el CP.

Elaboración: Tejido en plano.

Habilidades requeridas: Tejer a rayas, costuras, tejer vueltas cortas.

Patrón para tejer

SERPIENTE – HAZ 1

Con agujas de 4,5 mm y CP, monta 20 ps.

V 1 y cada v alt: R.

V 2: **4D, *1A, 1D* 2 veces, 4D, rep desde ** hasta el final. (24 ps).

V 4: **5D, *1A, 1D* 2 veces, 5D, rep desde ** hasta el final. (28 ps).

V 6: **6D, *1A, 1D* 2 veces, 6D, rep desde ** hasta el final. (32 ps).

V 8: **7D, *1A, 1D* 2 veces, 7D, rep desde ** hasta el final. (36 ps).

V 10: **8D, *1A, 1D* 2 veces, 8D, rep desde ** hasta el final. (40 ps).

Vs 11 a 15: Empieza y termina con una v R, teje en p jer 5 vs.

V 16: *7D, 2pjD, 1D, 2pjD a, 8D, rep desde * hasta el final. (36 ps).

V 18: *6D, 2pjD, 1D, 2pjD a, 7D, rep desde * hasta el final. (32 ps).

V 20: *5D, 2pjD, 1D, 2pjD a, 6D, rep desde * hasta el final. (28 ps).

V 22: *4D, 2pjD, 1D, 2pjD a, 5D, rep desde * hasta el final. (24 ps).

V 24: *5D, 2pjD, 5D, rep desde * hasta el final. (22 ps).

Vs 25 a 27: Empieza y termina con una v R, teje en p jer 3 vs.

V 28: D con CC.

V 29: Con el CC, 19R eyg, 16D eyg, 14R eyg, 12D eyg, 17R. (22 ps).

Vs 30 y 31: Rep vs 28 y 29.

V 32: Rep v 28.

V 33: R con CC. (22 ps).

Vs 34 y 35: Con el CP, empezando en una v D, teje en p jer 2 vs. (22 ps).

Rep vs 28-35 15 veces o hasta el largo deseado, y alterna el CC en cada repetición. Yo usé la secuencia de color azul (CC1), blanco (CC2), rosa (CC3).

COLA

Teje los 22 ps de las agujas con el CP.

Vs 1-3: D.

Vs 4-6: R.

V 7: *3D, 2pjD, 1D, 2pjD a, 3D* 2 veces. (18 ps).

V 8: D.

V 9: *2D, 2pjD, 1D, 2pjD a, 2D* 2 veces. (14 ps).

Vs 10 y 11: R.

V 12: *1R, 2pjR* 4 veces, 2R. (10 ps).

V 13: D.

V 14: *2pjR* 5 veces. (5 ps).

Corta la hebra, enhébrala a través de los puntos y únelos para cerrar.

OJOS – HAZ 2

Con agujas de 4,5 mm y CC2, monta 4 ps.

Teje las vs 1-6 en CC2 y las v res en CP.

V 1: R.

V 2: 1D, 1A, D hasta el último p, 1A, 1D. (6 ps).

Vs 3 y 4: Rep vs 1 y 2. (8 ps).

Vs 5 y 6: Empieza con una v R, teje en p jer 2 vs.

Vs 7-9: R.

V 10: D.

V 11: 2pjR, R hasta los últimos 2 ps, 2pjR. (6 ps).

V 12: D.

V 13: *2pjR* 3 veces. (3 ps).

Corta la hebra, enhébrala a través de los puntos y únelos para cerrar. Cose una puntada simple alrededor del borde externo del ojo, añade un poco de relleno en el centro y tira de la hebra para hacer una bola de ojo. Cose los botones en los ojos.

LENGUA – HAZ 1

Con agujas de 4,5 mm y CC3, monta 10 ps en CC3 con el montado a la inglesa (ver página 118).

V 1: Cierra los primeros 4 ps, D hasta el final. (6 ps).

V 2: Cierra los primeros 5 ps (1 p), monta 3 ps usando el montado a la inglesa. (4 ps).

Cierra todos los ps. Remata los cabos y cose la última parte cerrada para hacer una Y.

ACABADO

Cose los lados de la serpiente de la cola a la cabeza, y añade relleno al coser. Esta costura está en la parte inferior de la serpiente. Cose el borde de montado para terminar la boca. Acaba cosiendo la lengua delante de la boca y los ojos en la cabeza.

Botas cocodrilo

Estas botitas tienen un cierre con puntillas que confiere a la caña la apariencia de cocodrilo. Los cordones tejidos atados sujetarán el pie del bebé, pero puedes reemplazarlos por el mismo largo de lazo o cadeneta a ganchillo.

Talla: 6-12 meses (largo 11 cm, ancho 7 cm); 12-18 meses (largo 12 cm, ancho 8 cm). El tamaño de la muestra es de 6-12 meses.

Lana: Stylecraft Special Aran (100% acrílico; 100 g; 196 m): CP verde prado (tono 1065) 50 g; CC blanco (tono 1001) con una pequeña cantidad. Ver página 140 para más referencias.

Agujas: Agujas rectas de 5 mm, 2 adp de 4 mm.

Tensión: Cuadrado de 10 cm = 18 ps × 24 vs en punto jersey con agujas de 5 mm con el CP.

Elaboración: Tejido en plano.

Habilidades requeridas: Cierre con puntillas, cordón tejido (ver página 131).

Patrón para tejer

BOTAS – HAZ 2
Con unas agujas de 5 mm y CP, monta 32 (36) ps.

SUELA
V 1 y todas las sig v alt: D.
V 2: *1D, 1A, 14 (16) D, 1A, 1D* 2 veces. (36 [40] ps).
V 4: *2D, 1A, 14 (16) D, 1A, 2D* 2 veces. (40 [44] ps).
V 6: *3D, 1A, 14 (16) D, 1A, 3D* 2 veces. (44 [48] ps).
Teje 9 (11) vs en punto bobo (D cada v).

DAR FORMA A LA BOTA
V 1: 15 (16) D, 2pjD, 10 (12) D, 2pjD, 15 (16) D. (42 [46] ps).
V 2 y las sig v alt: D.
V 3: 15 (16) D, 2pjD, 8 (10) D, 2pjD, 15 (16) D. (40 [44] ps).
V 5: 15 (16) D, 2pjD, 6 (8) D, 2pjD, 15 (16) D. (38 [42] ps).
V 7: 15 (16) D, 2pjD, 4 (6) D, 2pjD, 15 (16) D. (36 [40] ps).
V 9: 14 (15) D, cierra los sig 8 (10) ps, D los ps res. (28 [30] ps).
V 10: D todos los ps. (28 [30] ps).
Sig vs: Teje 6 (8) vs en punto bobo. (28 [30] ps).
Cierra con puntillas todos los ps.

CORDONES – HAZ 2
Usa 2 adp de 4 mm y teje un cordón tejido de 25 cm en 3 ps. Cierra.

ACABADO
Cose la suela y las costuras traseras de la bota. Une la costura a la parte superior de la bota (los puntos cerrados en la v 9). Pasa el cordón alrededor de la parte superior de la bota, entrelazándolo dentro y fuera del tejido, y ata por delante. Usa el CC para bordar puntos verticales alrededor del frontal de cada bota para simular los dientes.

Truco Para tejer un cierre con puntilla, monta 2 puntos usando el montado a la inglesa (ver página 118). Cierra cuatro puntos, pasa el primer punto de la aguja derecha a la aguja izquierda. Repite hasta cerrar todos los puntos.

Calentadores cocodrilo

Estos calentadores de brazos o de piernas son una forma práctica de usar cualquier resto de lana del chal cocodrilo. Se tejen en redondo y el patrón se adapta fácilmente a la talla que necesites.

Talla: 3-9 meses (circunferencia de hasta 18 cm); 9-12 meses (circunferencia de hasta 20 cm); 12-24 meses (circunferencia de hasta 22 cm). El tamaño de la muestra es de 3-9 meses.

Lana: Stylecraft Special Chunky (100% acrílico; 100 g; 144 m): CP verde prado (tono 1065) 50 g; CC amarillo limón (tono 1020) 50 g. Ver página 140 para más referencias.

Agujas: Adp de 6,5 mm.

Tensión: Cuadrado de 10 cm = 13 ps × 18 vs en punto jersey con agujas de 6,5 mm con el CP.

Elaboración: Tejido en redondo.

Habilidades requeridas: Tejer rayas en redondo.

Patrón para tejer

CALENTADORES – HAZ 2

Con agujas de 6,5 mm y el CP, monta 22 (24, 26) ps y une en círculo.

Vs 1 a 6: *1D, 1R* hasta el final de la v.

V 7: Con el CP, D, CM al final de la v. (22 ps).

Las siguientes 22 (26, 30) vs, D 2 vs en el CC seguidas por 2 vs en CP, terminando con 2 vs en CC.

Sig v: con el CP, D.

Sig 6 vs: con el CP, *1D, 1R* hasta el final de la vuelta.

Cierra sin apretar y remata los cabos sueltos para terminar.

Chal cocodrilo

Este patrón usa la aguja auxiliar para hacer las escamas en la espalda del cocodrilo. Las patas y el forro a rayas para la barriga son opcionales. También puedes adaptar el patrón al largo deseado, pero recuerda que entonces necesitarás más lana.

Talla: Ancho 13 cm en el punto más ancho, largo 81 cm.

Lana: Stylecraft Special Chunky (100% acrílico; 100 g; 144 m): CP verde prado (tono 1065) 100 g; CC1 amarillo limón (tono 1020) 50 g; CC2 blanco (tono 1001) 15 g. Ver página 140 para más referencias.

Otros materiales: 2 botones (11 mm de diámetro) y un poco de relleno para juguetes.

Agujas: Agujas rectas de 6 mm, 2 adp de 6 mm, aguja auxiliar.

Accesorios: Sujetapuntos.

Tensión: Cuadrado de 10 cm = 14 ps × 20 vs en punto jersey con agujas de 6 mm con el CP.

Elaboración: Tejido en plano.

Habilidades requeridas: Tejer con aguja auxiliar, hacer un cordón tejido, tejer rayas.

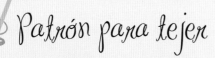

Patrón para tejer

FRENTE DEL CHAL

CABEZA Y CUERPO

Con agujas rectas de 6 mm y CP, monta 12 ps.
V 1: [LR] R.
V 2: [LD] 1D, 1A, D hasta el último p, 1A, 1D. (14 ps).
Vs 3-5: Empieza y termina con una v R, teje en p jer 3 vs.
Vs 6-21: Rep vs 2-5 4 veces. (22 ps).
Vs 22-31: Empieza con una v D, teje en p jer. ** (22 ps).
V 32: 7D, ax4a, ax4d, 7D.
Vs 33, 35 y 37: R.
V 34: 5D, ax4a, 4D, ax4d, 5D.
V 36: 3D, ax4a, 8D, ax4d, 3D.
Rep las vs 32-37 19 veces, hasta que tengas el largo deseado menos 12 cm. Marca el final de la última vuelta antes de tejer la cola.

Trucos
◆ Ax4a significa auxiliar cuatro atrás: teje hasta la posición del ax4a. Desliza los siguientes 2 ps a una aguja auxiliar y sujeta detrás de la labor. Teje los siguientes 2 ps en la aguja MI, y los siguientes 2 ps en la aguja auxiliar.

◆ Ax4d significa auxiliar cuatro delante: teje hasta la posición del ax4d. Desliza los siguientes 2 ps a una aguja auxiliar y sujeta por delante de la labor. Teje los siguientes 2 ps de la aguja MI, y los siguientes 2 ps de la aguja auxiliar.

COLA

V 1: [LD] ddD, 5D, ax4a, ax4d, 5D, 2pjD. (20 ps).

V 2 y todas las sig vs LR: [LR] R.

V 3: 4D ax4a, 4D, ax4d, 4D.

V 5: ddD, 4D, ax4a, ax4d, 4D, 2pjD. (18 ps).

V 7: 3D, ax4a, 4D, ax4d, 3D.

V 9: ddD, 3D, ax4a, ax4d, 3D, 2pjD. (16 ps).

V 11: 2D, ax4a, 4D, ax4d, 2D.

V 13: ddD, D hasta los últimos 2 ps, 2pjD. (14 ps).

Rep v 13 en todas las vs res LD hasta los últimos 2 ps. Cerrar.

FORRO DE LA BUFANDA – HAZ 1

CABEZA Y CUERPO

En CP trabaja como en la cabeza hasta **.

V 32: ddD, D hasta los últimos 2 ps, 2pjD. (20 ps).

V 33: R.

V 34: Rep v 32. (18 ps).

Empieza con una v R, teje el resto del patrón en p jer en una secuencia de rayas de 2 vueltas CC1 y después 2 vueltas CP. Teje hasta que el forro sea del mismo largo que los marcadores de la parte de arriba; confecciona la cola.

COLA

V 1: [LD] ddD, D hasta los últimos 2 ps, 2pjD. (16 ps).

V 2 y todas las vs sig LR: [LR] R.

Vs 3, 5 y 7: D.

V 9: ddD, D hasta los últimos 2 ps, 2pjD. (14 ps).

Vs 11 y 13: D.

V 15: ddD, D hasta los últimos 2 ps, 2pjD. (12 ps).

Rep v 15 en todas las vs res LD hasta los últimos 2 ps. Cierra. Cose el forro en la pieza superior por los bordes. Con lana blanca, borda puntadas verticales alrededor de la boca para simular los dientes.

PATAS – HAZ 4

Haz 4 patas por chal y 3 dedos por pata.

DEDOS – HAZ 12

Con agujas rectas de 6 mm y CP, monta 3 ps.

V 1: [LD] *Dda* 2 veces, gira. (5 ps).

Vs 2 y 4: 4R.

V 3: 4D, gira.

V 5: *2pjD* 2 veces, 1D. (3 ps).

Con 2 adp de 6 mm y el LD hacia ti, teje un cordón en estos 3 ps en 6 vs, corta la lana y pasa los ps a un sujetapuntos.

PATAS – HAZ 4

Pasa 3 piezas de dedos a agujas rectas de 6 mm con el LD hacia ti. (9 ps).

V 1: *2pjD* 2 veces, 1D, *2pjD* 2 veces. (5 ps).

Con 2 adp de 6 mm y el LD hacia ti, teje un cordón cn cstos 5 ps por 6 vs. Con el LR hacia ti y agujas rectas de 6 mm, teje las patas.

Sig v: [LR] R.

Sig v: [LD] 1D, 1A, D hasta el último p, 1A, 1D. (7 ps).

Rep estas 2 vs para aum hasta 11 ps, y cierra los puntos.

Cose el borde del cierre en el lateral del cuerpo.

OJOS – HAZ 2

Con agujas rectas de 6 mm y CC2, monta 4 ps. Teje las vs 1-6 en CC2 y las res en CP.

V 1: R.

V 2: 1D, 1A, D hasta el último p, 1A, 1D. (6 ps).

Vs 3 y 4: Rep vs 1 y 2. (8 ps).

Vs 5 y 6: Empieza con una v R, teje en p jer 2 vs.

Vs 7-9: R.

Vs 10 y 12: D.

V 11: 2pjR, R hasta los últimos 2 ps, 2pjR. (6 ps).

V 13: *2pjR* 3 veces. (6 ps).

Corta la hebra, enhébrala a través de los ps y únelos para cerrar.

Cose con una puntada simple el borde exterior de la pieza del ojo, añade relleno en el centro y une los puntos tirando para formar una bola.

Cose un botón en el ojo y los ojos en la cabeza del cocodrilo.

FOSAS NASALES – HAZ 2

Con agujas rectas de 6 mm y CP, monta 8 ps.

V 1: D.

V 2: *2pjD* hasta el final de la v. (4 ps).

Corta la hebra, enhébrala a través de los ps y únelos para cerrar. Cose los laterales juntos para hacer un pequeño cono y luego cose las fosas nasales en la cabeza.

Cestas tortuga

Usa estas cestas de almacenaje apilables para guardar algodones u otros utensilios imprescindibles en el cuarto del bebé. Tejidas en lana Super Chunky, se confeccionan en poco tiempo y sólo necesitan un ovillo. Puedes hacerlas más anchas o más altas, sólo necesitarás un poco más de lana. La cabeza de la tortuga y las patas se elaboran por separado y se cosen, así que si lo prefieres puedes tejer las cestas sin la decoración.

Talla: Pequeña (altura 7 cm, diámetro 12 cm); grande (altura 7 cm, diámetro 15 cm).

Lana: Lyon Brand Hometown USA Super Chunky (100% acrílico; 100 g; 54 m); Sirdar Hafield Bonus DK (100% acrílico; 100 g, 280 m). Ver página 140 para más referencias.

Tortuga lila: CP Lion Brand rojo multi mardi gra (tono 203) 100 g; CC1 Sirdar azul pálido (tono 960) 50 g; CC2 Sirdar blanco (tono 961) 50 g.

Tortuga amarilla: CP Lion Brand amarillo y verde pato (tono 135) 100 g; CC1 Sirdar amarillo girasol (tono 978) 50 g; CC2 Sirdar blanco (tono 961) 50 g.

Otros materiales: Aprox 50 g de relleno para juguetes, 2 botones (6 mm de diámetro) para cada cesta.

Agujas: Agujas rectas de 4 mm y 10 mm.

Tensión: Cuadrado de 10 cm = 8 ps × 10 vs en punto jersey con agujas de 10 mm con el CP.

Elaboración: Tejido en plano.

Habilidades requeridas: Disminuciones y aumentos, costuras.

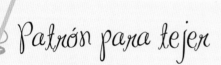

Patrón para tejer

CESTA GRANDE – HAZ 1
Con el CP y agujas de 10 mm, monta 6 ps.
V 1: *Dda* 6 veces. (12 ps).
Vs 2, 4, 6, 8 y 10: D.
V 3: *Dda, 1D* 6 veces. (18 ps).
V 5: *Dda, 2D* 6 veces. (24 ps).
V 7: *Dda, 3D* 6 veces. (30 ps).
V 9: *Dda, 4D* 6 veces. (36 ps).
V 11: *Dda, 5D* 6 veces. (42 ps).
Empezando con una v R, teje en p jer 9 vs. Cierra.

Trucos ◆ Para tejer estas cestas en redondo, monta usando adp y sigue el patrón excepto R vs 2, 4, 6, 8 y 10.

◆ Para hacer una cesta más ancha, cont aum en grupos de 6 ps desde la v 11 hasta el ancho deseado.

◆ Para hacer una cesta más alta, añade más vs antes de cerrar.

CESTA PEQUEÑA – HAZ 1

Teje vs 1 a 7 igual que para la cesta grande. (30 ps).
Empieza con una v R, teje 7 vs en p jer. Cierra.

ACABADO

Cose los bordes laterales juntos y remata los cabos sueltos.
El lado derecho de la cesta es el reverso del punto jersey.

PATAS DE TORTUGA – HAZ 4 PARA CADA CESTA

Con el CC1 y agujas de 4 mm, monta 24 ps.
Vs 1 a 11: Empieza con una v R, teje en p jer.
V 12: [LD] *2pjD, 1D* 8 veces. (16 ps).
V 13: R.
V 14: *2pjD* 8 veces. (8 ps).
Corta la hebra, enhébrala a través de los ps y únelos para cerrar. Cose
los bordes laterales y rellena las patas. Une los ps de montado y tira
para formar una pequeña bola, cose el borde en el lado de la cesta.

CABEZA – HAZ 1 PARA CADA CESTA

Con el CC1 y agujas de 4 mm, monta 33 ps.
Vs 1 a 15: Empieza con una v R, teje en p jer.
V 16: [LD] *2pjD, 1D* 11 veces. (22 ps).
V 17: R.
V 18: *2pjD* 11 veces. (11 ps).
Une los ps y termina de la misma manera que has hecho con las patas.

OJOS – HAZ 2 PARA CADA CESTA

Con el CP y agujas de 4 mm, monta 6 ps. Teje las vs 1-4 con CC1
y las vs 5-9 con CC2.
V 1: [LR] R.
V 2: Dda, D hasta el último p, Dda. (8 ps).
Vs 3 y 4: Rep vs 1 y 2. (10 ps).
V 5: R.
V 6: 2pjD, D hasta los últimos 2 ps, 2pjD. (8 ps).
Vs 7 y 8: Rep vs 5 y 6. (6 ps).
V 9: R.
Corta la hebra, enhébrala a través de los puntos y únelos para cerrar.
Usando el cabo suelto, cose una puntada simple alrededor del borde
externo de la pieza tejida, añade un poco de relleno en el centro
y tira de la hebra para unir y hacer una bolita. Cose un botón de
6 mm en cada ojo, y cose los ojos en la cabeza.

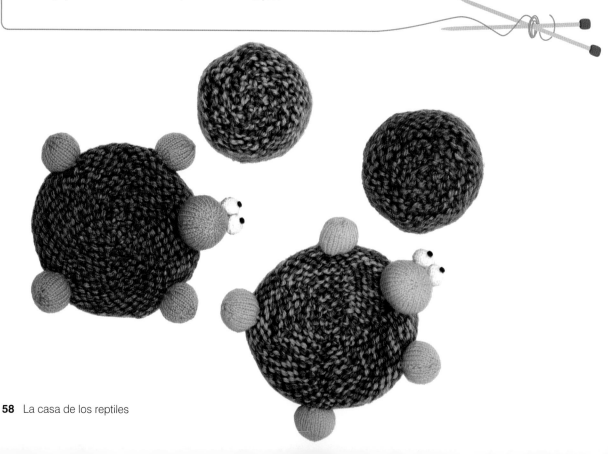

Gorro rana

Un gorro divertido con dos orejeras en forma de ancas de rana para atar en la barbilla y ojos saltones para incluir un toque juguetón.

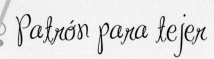

Patrón para tejer

OREJERAS – HAZ 2
Confecciona 3 dedos para cada orejera y 2 orejeras por gorro; teje las bolas de los dedos en plano con agujas rectas de 6 mm.

DEDOS – HAZ 3 PARA CADA OREJERA
Con el CP y agujas de 6 mm, monta 3 ps.
V 1: [LD] *Dda* 2 veces, gira. (5 ps).
V 2: 4R.
V 3: 4D, gira.
V 4: 4R.
V 5: *2pjD* 2 veces, 1D. (3 ps).
Con 2 adp de 6 mm y el LD hacia ti, elabora un cordón en estos 3 ps por 6 vs, corta la hebra y sujeta los ps.

Talla: 6-24 meses (se estira para cabezas de hasta 36-44 cm de circunferencia).

Lana: Stylecraft Special Chunky (100% acrílico; 100 g; 144 m): CP verde álamo (tono 1422) 100 g; CC blanco (tono 1001) 10 g. Ver página 140 para más referencias.

Otros materiales: 2 botones (11 mm de diámetro) y un poco de relleno para juguetes.

Agujas: Agujas rectas y adp de 6 mm.

Accesorios: Sujetapuntos.

Tensión: Cuadrado de 10 cm = 14 ps × 20 vs en punto jersey con agujas de 6 mm con el CP.

Elaboración: El gorro se teje en redondo; los ojos y las orejeras se tejen en plano.

Habilidades requeridas: Tejer en redondo, costuras, hacer un cordón tejido (ver página 131).

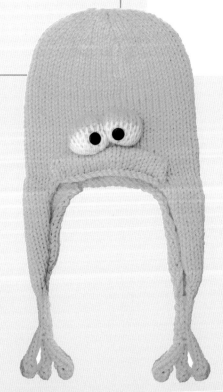

PATA

Introduce las tres piezas de los dedos en una aguja recta de 6 mm con el LD hacia ti. (9 ps).

V 1: *2pjD* 2 veces, 1D, *2pjD* 2 veces. (5 ps).

Con 2 adp de 6 mm y el LD hacia ti, teje un cordón en estos 5 ps por 6 vs. Con el LR hacia ti y agujas rectas de 6 mm, confecciona el resto de la orejera en plano.

SOLAPA

V 1: [LR] R.

V 2: 1D, 1A, D hasta el último p, 1A, 1D. (7 ps).

Rep estas 2 vs hasta que tengas 15 ps.

Empieza y termina con una v R, teje en p jer hasta que la pieza mida 20 cm de largo.

Para la primera orejera, corta la hebra y mantén los ps en la aguja. Repite para confeccionar la segunda orejera, pero no cortes la hebra.

Sig v: 15 D para la solapa de la aguja, monta 16 ps al final de la v para el borde, D los 15 ps que has guardado en la aguja de la primera solapa, monta otros 11 ps para la parte trasera del gorro. (57 ps).

GORRO – HAZ 1

Une los 57 ps en círculo.

V 1: 14D en la segunda orejera, 2pjD, 14D para el borde frontal, 2pjD, 13D para la primera orejera, 2pjD, 10D para la parte de atrás, CM. (54 ps).

D todas las vs hasta que el gorro mida 15 cm de alto.

PARTE SUPERIOR

V 1: *2pjD, 4D* 9 veces. (45 ps).

Vs 2 y 3: D.

V 4: *2pjD, 3D* 9 veces. (36 ps).

Vs 5 y 6: D.

V 7: *2pjD, 2D* 9 veces. (27 ps).

V 8: *2pjD, 1D* 9 veces. (18 ps).

V 9: *2pjD* 9 veces. (9 ps).

Corta la hebra y enhébrala a través de los puntos; únelos para cerrar.

BORDE FRONTAL – HAZ 1

Con el CP y agujas de 6 mm monta 19 ps.

Empieza con una v D, teje 4 vs en p jer.

V 5: ddD, D hasta los últimos 2 ps, 2pjD. (17 ps).

V 6: R.

V 7: Rep v 5. (15 ps).

Cerrar los puntos. Coser el borde de montado del frontal en el gorro y el borde de cierre en el borde de la parte frontal del gorro.

OJOS – HAZ 2

Con el CP y agujas rectas de 6 mm, monta 7 ps.

Teje las vs 1-4 con el CP y las vs 5-9 con el CC.

V 1 y todas las vs alt: R.

V 2: Ddad, D hasta el último p, Ddad. (11 ps).

Vs 4 y 6: D.

V 8: 3pjD, D hasta los últimos 3 ps, 3pjD. (7 ps).

Corta la hebra, enhébrala a través de los puntos y únelos para cerrar. Con ayuda del cabo, cose una puntada simple alrededor del borde lateral de la pieza tejida, y tira de la hebra para formar una bola; añade un poco de relleno. Asegura la hebra. Cose un botón en cada ojo y estos en el borde frontal del gorro.

Truco Para tejer un Ddad, teje del derecho por delante, por detrás y otra vez por delante el siguiente punto para hacer 2 puntos adicionales.

Capítulo 4

Regiones polares

Los fríos climas polares exigen unas cómodas botas en forma de huella y mitones, y también unas monísimas cintas para el pelo con forma de orejas de animales para mantener las de tu bebé calientes. ¡Que nieve!

Cintas árticas

Estas cintas para el pelo fáciles de tejer te servirán para practicar patrones de puntos con texturas. Puedes adornarlas con orejas de oso polar, lobo o liebre ártica. Elige tu propia combinación de puntos y orejas.

Talla: Aprox 5 cm de ancho. Sugerencia de largo: recién nacidos 33-36 cm; 3-6 meses 36-43 cm; 6-12 meses 41-45 cm; 12-36 meses 43-48 cm.

Lana: Cintas de oso y lobo: Rowan British Sheep Breeds Chunky Undyed (100% lana; 100 g; 110 m): CP Blue Faced Leicester (tono 950) 50 g. Cinta liebre ártica: Stylecraft Special Chunky (100% acrílico; 100 g; 144 m): CP beige (tono 1218) 50 g. Ver página 140 para más referencias.

Agujas: Agujas rectas de 5,5 mm.

Tensión: Cuadrado de 10 cm = 15 ps × 40 vs en punto bobo con agujas de 5,5 mm con el CP.

Elaboración: Tejido en plano.

Habilidades requeridas: Patrones con texturas y elásticos.

Patrón para tejer

CINTA PARA EL PELO – HAZ 1

PATRÓN PUNTO ESTRIADO

Con el CP y agujas de 5,5 mm, monta 9 ps.

V 1: [LR] 2D, 5R, 1D, des1 dirR chd.

Vs 2 y 3: Rep v 1.

V 4: D hasta el último p, des1 dirR chd.

Vs 5 y 6: Rep v 4.

Rep vs 1-6 hasta que tengas el largo deseado. Cierra y cose los extremos juntos.

PATRÓN PUNTO ZIGZAG

Con el CP y agujas de 5,5 mm, monta 10 ps.

V 1: [LD] Des1 dirR chd, 2D, 1R, gD, 1R, 3D.

V 2: [LR] Des1 dirR chd, 1D, 1R, 1D, g, 1D, 1R, 2D.

Rep vs 1 y 2 hasta que tengas el largo deseado. Cierra los puntos y cose los extremos juntos.

PUNTO DE ARROZ

Con el CP y agujas rectas de 5,5 mm, monta 9 ps.

V 1: 3D, *1R, 1D* 2 veces, 1D, des1 dirR chd.

Rep v 1 hasta que tengas el largo deseado. Cierra los puntos y cose los extremos juntos.

Trucos
- ◆ Para tejer un gD, coge la aguja MD por detrás del 1r p en la aguja MI, y teje D por la parte trasera del 2o p de la aguja MI, D el primer punto y desliza ambos puntos desde la aguja MI.

- ◆ Para tejer un g, chd salta el 1r p de la aguja MI y R el 2o p de la aguja MI, R el 1r p y desliza ambos puntos desde la aguja MI.

OREJAS DE OSO POLAR – HAZ 2

Con el CP y agujas rectas de 5,5 mm, monta 3 ps.

V 1: *Dda* 3 veces. (6 ps).

Vs 2, 4, 6 y 8: D.

V 3: *Dda* 6 veces. (12 ps).

V 5: *Dda, 1D* 6 veces. (18 ps).

V 7: *Dda, 2D* 6 veces. (24 ps).

Cierra los puntos. Cose los bordes laterales juntos en la cinta del pelo en un semicírculo (los bordes de cierre son la parte externa de la oreja).

OREJAS DE LOBO – HAZ 2

Con el CP y agujas rectas de 5,5 mm, monta 14 ps.

V 1: Des1 dirR, D hasta los últimos 2 ps, 2pjD. (13 ps).

Rep v 1 hasta los últimos 2 ps.

Sig v: des1, 1D, ppde. (1 p).

Cierra. Dobla la oreja a lo largo y cose el borde de montado en la cinta del pelo.

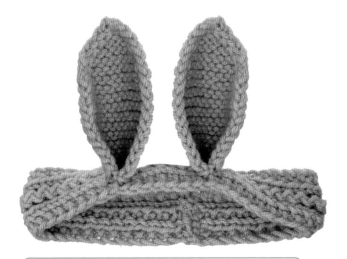

OREJAS DE LIEBRE ÁRTICA – HAZ 2

Con el CP y agujas rectas de 5,5 mm, monta 14 ps y teje 20 vs en punto bobo (D cada v).

Sigue el patrón de las orejas de lobo desde la v 1 hasta el cierre, y móntalo como estas.

Mitones y zapatos huella de oso polar

Estos pequeños zapatos con huellas en la suela tienen sus propios mitones a juego. Puede ser difícil trabajar con lana tipo Snowflake, así que mantén tus puntos bastante sueltos, quizá te resultará más fácil si usas agujas de metal. Esta lana no se estira tanto como la normal, así que el puño de los mitones se ha tejido con lana Aran. Como alternativa, puedes confeccionarlos con lana Chunky, y si los círculos tejidos te resultan muy difíciles de elaborar, puedes coser círculos de fieltro para hacer las huellas.

Talla: Zapatos: 0-3 meses (largo 10 cm, ancho 6 cm); 3-6 meses (largo 11,5 cm, ancho 7 cm); 6-12 meses (largo 13 cm, ancho 8 cm). El tamaño de las muestras es de 6-12 meses (marrón) y 0-3 meses (blanco). Mitones: Talla única (largo 12 cm, ancho 8 cm).

Lana: Sirdar Snuggly Snowflake Chunky (100% poliéster; 25 g; 62 m): CP blanco cremoso (tono 0631) 25 g; CC1 Patons Wool Blend Aran (mezcla; 100 g; 185 m) crema (tono 002) 20 g; CC2 Sirdar Hayfield Bonus DK (100% acrílico; 100 g; 280 m) negro (tono 965) 20 g. Ver página 140 para más referencias.

Otros materiales: 2 botones negros (13 mm de diámetro), 2 pequeños cierres a presión.

Agujas: Agujas rectas de 5,5 mm y 3,75 mm, 2 adp de 5 mm.

Tensión: Cuadrado de 10 cm = 14 ps × 28 vs en punto bobo con agujas de 5,5 mm con el CP.

Elaboración: Tejido en plano.

Habilidades requeridas: Costuras, montar puntos al principio de una vuelta, hacer un cordón tejido (ver página 131).

Patrón para tejer

ZAPATO DERECHO – HAZ 1

Con el CP y agujas de 5,5 mm, monta 20 (24, 28) ps.

V 1 y cada v alt: [LR] D.

V 2: [LD] *Dda, 8 (10, 12) D, Dda* 2 veces. (24 [28, 32] ps).

V 4: *1D, Dda, 8 (10, 12) D, 1D* 2 veces. (28 [32,36] ps).

V 6: 2D, *Dda, 8 (10, 12) D, Dda* 1D, Dda 2 veces, 1D, rep desde * hasta *, 2D. (34 [38, 42] ps).

Teje 5 (7, 9) vs en punto bobo.

PARTE SUPERIOR DEL ZAPATO DERECHO

V 1: 8 (10, 12) D, ddD 4 veces, 2D, 2pjD 4 veces, 8 (10,12) D. (26 [30, 34] ps).

V 2: 6 (7, 8) D [grupo A], cierra 14 (16, 18) ps, D los ps res [grupo B]. (12 [14, 16] ps)***.

V 3: 6 (7, 8) D ps [grupo B], gira dejando el grupo A sin tejer.

V 4: Usando el montado a la inglesa, monta 12 (14, 16) ps al prin de la v, entonces D todos los ps. (18 [21, 24] ps).

Cierra los puntos y trabaja con los puntos del grupo A con el LD hacia ti.

Sig 3 vs: D. (6 [7, 8] ps).

Cierra los puntos. Cose la suela y la costura trasera del zapato.

Cose los cierres a presión al final de la tira y en el lateral del zapato, y añade un pequeño botón en la tira para decorar.

ZAPATO IZQUIERDO – HAZ 1

Cont el patrón del zapato derecho hasta ***.

Sig 3 vs: D [grupo B]. (6 [7, 8] ps).

Cierra y trabaja con los ps del grupo A con el LD hacia ti.

Sig 2 vs: D. (6 [7, 8] ps).

Sig v: Rep la v 4 del patrón para la parte superior del zapato derecho. (18 [21, 24] ps).

Cierra y termina como el zapato derecho.

MITONES – HAZ 2

Con el CC1 y agujas de 5,5 mm, monta 22 ps.

V 1: [LD] *1D, 1R* hasta el final.

Vs 2 a 6: Rep v 1.

Cambia al CP y teje en punto bobo hasta que la pieza tejida mida 10 cm de largo. Termina con una v LR.

PARTE SUPERIOR DEL MITÓN

V 1: [LD] 1D, ddD, 5D, 2pjD, 1D, ddD, 6D, 2pjD, 1D. (18 ps).

V 2 y todas las sig v alt: D.

V 3: 1D, ddD, 3D, 2pjD, 1D, ddD, 4D, 2pjD, 1D. (14 ps).

V 5: *2pjD* hasta el final de la v. (7 ps).

Corta la hebra y enhébrala a través de los puntos y únelos para cerrar el mitón. Cose las costuras laterales.

CÍRCULO DEL MITÓN

Con el CC1 y 2 adp de 5 mm, monta 4 ps y teje un cordón de 8 cm de largo. Cierra y cose los extremos del cordón en el mitón.

HUELLAS – HAZ 2 GRANDES Y 6 PEQUEÑAS

ALMOHADILLA GRANDE

Con el CC2 y agujas de 3,75 mm, monta 7 ps.

V 1: *Dda* hasta el final de la v. (14 ps).

Vs 2 y 4: D.

V 3: *Dda, 1D* hasta el final de la v. (21 ps).

V 5: *Dda, 2D* hasta el final de la v. (28 ps).

Cierra todos los puntos sin apretar. Une los puntos de montado y los bordes laterales para formar un círculo. Cose en la suela del zapato o en la parte frontal del mitón.

ALMOHADILLA PEQUEÑA

Elabora el patrón de la almohadilla grande pero teje sólo la v 1, cierra todos los ps sin apretar y acaba como la almohadilla grande. Cose las huellas en la suela de cada zapato o en el mitón.

Trucos ◆ Los mitones se pueden hacer más grandes
o pequeños aumentando o disminuyendo
el número de ps de montado en grupos de
4 ps y cambiando el largo y la parte superior
según se necesite.

◆ Para tejer las almohadillas en círculo, monta
en adp y une el círculo, después sigue el
patrón excepto el R en las vs pares.

Juguete y portabiberón bebé pingüino

Este pequeño pingüino es una forma adorable de llevar los biberones, y el juguete a juego sigue el mismo patrón básico. Los pingüinos se tejen en plano, pero pueden convertirse en un tejido en círculo si lo prefieres. Utiliza lana lavable a máquina para el portabiberón para que sea más fácil de limpiar.

Talla: Aprox 9 cm de diámetro y 13 cm de alto.

Lana: King Cole Big Value DK (100% acrílico; 100 g; 290 m): CP negro (tono (048) 50 g; CC1 blanco (tono 001) 50 g; CC2 amarillo (tono 055) 50 g. Ver página 140 para más referencias.

Otros materiales: 2 botones negros (6 mm de diámetro), pequeños círculos de fieltro blanco, 100 g de relleno para juguetes.

Agujas: Agujas rectas de 4 mm, 2 adp de 4 mm.

Tensión: Cuadrado de 10 cm = 22 ps × 28 vs en punto jersey con agujas de 4 mm con el CP.

Elaboración: Tejido en plano.

Habilidades requeridas: Cambiar colores, costuras, hacer un cordón tejido (ver página 131).

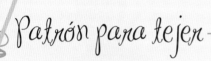

Patrón para tejer

PORTABIBERÓN PINGÜINO

CUERPO – HAZ 1

Con agujas de 4 mm y CC1, monta 9 ps.

V 1 y cada v alt (números impares): [LR] R.

V 2: [LD] 1D, *Dda* 8 veces. (17 ps).

V 4: 1D, *Dda, 1D* 8 veces. (25 ps).

V 6: 1D, *Dda, 2D* 8 veces. (33 ps).

V 8: 1D, *Dda, 3D* 8 veces. (41 ps).

V 10: 1D, *Dda, 4D* 8 veces. (49 ps).

Vs 11-29: Empieza y termina con una v R, teje en p jer 19 vs.

Vs 30-47: Cambia a CP y empieza con una v D, teje 18 vs en p jer. Cierra sin apretar. Une los puntos de montado en la base y cose los bordes laterales juntos.

Truco Para convertirlo en un patrón en redondo, monta 9 ps en 3 adp para el cuerpo. Para la v 1 y cada v impar, D. Para cada v par sigue el patrón del cuerpo. Para confeccionar el juguete, añade el relleno antes de cerrar.

Patrón para tejer

OJOS Y PICO – HAZ 1

Con agujas de 4 mm y CC1, monta 7 ps.

V 1 y cada v alt: R.

V 2: 1D, 1A, D hasta el último p, 1A, 1D. (9 ps).

Vs 4 y 6: Rep v 2. (13 ps).

Vs 8 y 10: D.

V 12: 1D, 2pjD a, D hasta los últimos 3 ps, 2pjD, 1D. (11 ps).
Cambiar a CC2.

V 13 y cada v alt: R.

Vs 14, 16 y 18: Rep v 12. (5 ps).

V 20: 1D, 2pjD, 1D. (3 ps).

Corta la hebra, enhébrala a través de los puntos y únelos para cerrar.
Cose la pieza del ojo en la parte delantera del portabiberón y cose unos
botones en un par de pequeños círculos de fieltro blanco para los ojos.

ALAS – HAZ 2

Con agujas de 4 mm y CP, monta 11 ps.

V 1: 1D, Dda, D hasta los últimos 3 ps, 2pjD, 1D. (11 ps).

V 2: D.

Vs 3-12: Rep vs 1 y 2.

Cierra todos los puntos y cose las alas en los laterales del pingüino.

CORREA – HAZ 1

Con 1 adp de 4 mm y CP, monta 4 ps. Con 2 adp, teje un cordón de
40 cm. Cierra y ose cada extremo en ambos lados del portabiberón.

PATAS DE PINGÜINO – HAZ 2

Con agujas de 4 mm y CC2, monta 7 ps.

V 1: D.

V 2: D hasta los últimos 2 ps, 2pjD. (6 ps).

Rep v 2 hasta los últimos 3 ps. Cierra y cose los pies debajo
del pingüino.

JUGUETE PINGÜINO

CUERPO

Teje como el portabiberón hasta la vuelta 47.

V 48: 1D, *2pjD, 4D* 8 veces. (41 ps).

V 49 y sig vs alt: R.

V 50: 1D, *2pjD, 3D* 8 veces. (33 ps).

V 52: 1D, *2pjD, 2D* 8 veces. (25 ps).

V 54: 1D, *2pjD, 1D* 8 veces. (17 ps).

V 56: 1D, *2pjD* 8 veces. (9 ps).

Corta la hebra, enhébrala a través de los puntos y únelos para cerrar la
parte superior de la cabeza. Cose los bordes laterales juntos, añade
relleno y termina uniendo los puntos de la base. Añade algunas hebras
encima de la cabeza para confeccionar el pelo y córtalo del largo
deseado.

ALAS

Teje como el portabiberón.

PICO

Teje como el portabiberón.

PATAS

Teje como el portabiberón.

Truco Para cerrar la parte superior del portabiberón sin
apretar: 2pjD y desliza el punto nuevo de la aguja
derecha a la izquierda. Repite hasta que todos los
puntos estén cerrados para elaborar un borde elástico
que pueda deslizarse por la botella.

Mitones pingüino

Estos mitones ayudan a mantener las manos calientes, pero la textura del punto bobo también los convierte en los mitones perfectos para la hora del baño de los niños más mayores. La parte de colores está tejida con intarsia, con los bloques de color tejidos por separado con bobinas de lana. Usa una lana acrílica lavable para que no se encojan.

Talla: Se estira para una circunferencia de mano de 18 cm, largo 18 cm.

Lana: King Cole Big Value DK (100% acrílico; 100 g; 290 m): CP negro (tono 048) 50 g; CC1 blanco (tono 001) 50 g; CC2 amarillo dorado (tono 055) 50 g. Ver página 140 para más referencias.

Otros materiales: 2 botones (6 mm de diámetro).

Agujas: Agujas rectas de 4 mm y 3,75 mm.

Accesorios: Aguja lanera o de zurcido, sujetapuntos.

Tensión: Cuadrado de 10 cm = 22 ps × 28 vs en punto jersey con agujas de 4 mm con el CP.

Elaboración: Tejido en plano.

Habilidades requeridas: Tejido intarsia.

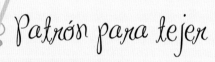

Patrón para tejer

MITÓN DERECHO – HAZ 1

CAÑA
Con agujas de 4 mm y CP, monta 34 ps.
Une el CC1 y teje según sigue:
V 1: [LD] CP 5D, CC1 9D, CP 20D.
V 2: [LR] CP 20D, CC1 9D, CP 5D.
Rep vs 1 y 2 hasta que la pieza mida 6 cm, terminando con una v LR.

PULGAR
V 1: [LD] CP 5D, CC1 9D, CP 3D, 1A, 2D, 1A, 15D. (36 ps).
Vs 2, 4, 6, 8, 10 y 12: [LR] CP D hasta los últimos 14 ps, CC1 9D, CP 5D.
V 3: CP 5D, CC1 9D, CP 3D, 1A, 4D, 1A, 15D. (38 ps).
V 5: CP 5D, CC1 9D, CP 3D, 1A, 6D, 1A, 15D. (40 ps).
V 7: CP 5D, CC1 9D, CP 3D, 1A, 8D, 1A, 15D. (42 ps).
V 9: CP 5D, CC1 9D, CP 3D, 1A, 10D, 1A, 15D. (44 ps).
V 11: CP 5D, CC1 9D, CP 5D.
V 13: CP 5D, CC1 9D, CP 3D, desliza los siguientes 12 ps a un sujetapuntos para el pulgar, CP 15D. (32 ps).

MANO

V 1: [LR] CP 18D, CC1 9D, CP 5D. (32 ps).

V 2: [LD] CP 5D, CC1 9D, CP 18D.

Rep vs 1 y 2 hasta que el mitón mida 15 cm de largo, terminando con una v R.

PARTE SUPERIOR

Teje todas las vs res en CP.

Vs 1 y 2: D. (32 ps) CM después del p 16.

V 3: 1D, ddD, D hasta 2 ps antes del marcador, 2pjD, dm, ddD, D hasta los últimos 3 ps, 2pjD, 1D. (28 ps).

V 4 y todas las sig v alt: D.

Vs 5, 7, 9 y 11: Rep v 3. (12 ps).

V 13: *2pjD* hasta el final de la v. (6 ps).

Corta la hebra, enhébrala a través de los puntos y únelos para cerrar la parte superior del mitón.

PULGAR

Pasa los 12 ps del sujetapuntos a una aguja de 4 mm con el LD hacia ti.

Con el CP, teje 14 vs en punto bobo.

V 15: *2pjD* hasta el final de la v. (6 ps).

Corta la hebra y termina igual que la parte superior del mitón.

ACABADO

Cose los bordes laterales juntos y añade hebras de CP en la parte superior del mitón para elaborar el pelo despeinado del pingüino.

MITÓN IZQUIERDO – HAZ 1

CAÑA

Con agujas de 4 mm y CP, monta 34 ps.

V 1: [LD] CP 20D, CC1 9D, CP 5D.

V 2: [LR] CP 5D, CC1 9D, CP 20D.

Rep vs 1 y 2 hasta que la pieza mida 6 cm, terminando con una v LR.

PULGAR

V 1: [LD] CP 15D, 1A, 2D, 1A, 3D, CC1 9D, CP 5D. (36 ps).

Vs 2, 4, 6, 8, 10 y 12: [LR] CP 5D, CC1 9D, CP D los ps res.

V 3: CP 15D, 1A, 4D, 1A, 3D, CC1 9D, CP 5D. (38 ps).

V 5: CP 15D, 1A, 6D, 1A, 3D, CC1 9D, CP 5D. (40 ps).

V 7: CP 15D, 1A, 8D, 1A, 3D, CC1 9D, CP 5D. (42 ps).

V 9: CP 15D, 1A, 10D, 1A, 3D, CC1 9D, CP 5D. (44 ps).

V 11: CP 30D, CC1 9D, CP 5D.

V 13: CP 15 D, desliza los siguientes 12 ps a un sujetapuntos para el pulgar, CP 3D, CC1 9D, CP 5D. (32 ps).

MANO

V 1: [LR] CP 5D, CC1 9D, CP 18D. (32 ps).

V 2: [LD] CP 18D, CC1 9D, CP 5D.

Rep vs 1 y 2 hasta que el mitón mida 15 cm de largo, terminando con una v LR.

Da forma a la parte superior, teje el pulgar y termina igual que el mitón derecho.

OJOS – HAZ 4

Con agujas de 3,75 mm y el CC1, monta 7 ps.

V 1: *Dda* hasta el final de la v. (14 ps).

Cierra todos los puntos sin apretar. Cose los bordes juntos y une los ps de montado para formar un pequeño círculo, cóselo en la parte superior de los mitones. Cose un botón pequeño en cada círculo para la pupila.

PICO – HAZ 2

Con agujas de 4 mm y CC2, monta 7 ps.

V 1: D.

V 2: D hasta los últimos 2 ps, 2pjD. (6 ps).

Rep v 2 hasta los últimos 2 ps.

Sig v: des1, 1D, ppde. (1 p).

Cierra y cose en el mitón, bajo los ojos.

PATAS – HAZ 4

Teje como el pico hasta los últimos 3 ps. Cierra y cose en el borde de la caña del mitón.

Capítulo 5

Mares tropicales

Los mares tropicales son luminosos y coloridos. Confecciona un babero fácil de tejer, crea algunos peces divertidos o explora las olas con una manta de olas chevron.

Babero bajo el mar

Este es un babero sencillo, ideal para principiantes. Se teje en punto bobo (ver página 121), con pequeños motivos de peces que se llevan a cabo por separado. La talla más grande es ideal para bebés mayores, pero también puedes confeccionarlo más pequeño montando menos puntos y reduciendo el número de vueltas. Si hacer un ojal te parece difícil, teje todos los puntos de esas vueltas y cose un cierre a presión en el babero y la tira.

Talla: 23 cm de ancho, 28 cm de largo (sin la tira).

Lana: Stylecraft Special Chunky (100% acrílico; 100 g; 144 m): CP azul margarita (tono 1003) 100 g; Sirdar Hayfield Bonus DK (100% acrílico; 100 g; 280 m): CC amarillo girasol (tono 978) 10 g. Ver página 140 para más referencias.

Otros materiales: 1 botón grande (3,5 cm de diámetro), 1 botón pequeño (6 mm de diámetro), pequeño círculo de fieltro blanco.

Agujas: Agujas rectas de 6 mm y 4 mm.

Tensión: Cuadrado de 10 cm = 14 ps × 28 vs en punto bobo con agujas de 6 mm con el CP.

Elaboración: Tejido en plano.

Habilidades requeridas: Tejer del derecho, montar y cerrar puntos.

Patrón para tejer

BABERO

Con agujas de 6 mm y CP, monta 37 ps.
V 1: D.
Rep v 1 hasta que el babero mida 27,5 cm de largo.
Cierra 28 ps, D hasta el final. (9 ps).
Sig v: D. (9 ps).
Teje estos 9 ps en punto bobo hasta que la tira mida 30 cm de largo.
Sig v: 3D, cierra 3 ps para el ojal, 3D. (6 ps).
Sig v: 3D, monta 3 ps, 3D. (9 ps).
Sig v: D.
Rep la última v 2 cm y cierra. Remata los cabos sueltos y cose un botón grande bajo la tira del babero.

PEZ

Con agujas de 4 mm y CC, monta 28 ps.
Paso 1: Cierra 4 ps, desliza el p de la aguja derecha a la izquierda. (24 ps).
Paso 2: Con el montado a la inglesa, monta 4 ps. (28 ps).
Paso 3: Cierra 4 ps, desliza el p de la aguja derecha a la izquierda. (24 ps).

CUERPO

V 1: *2pjD, 2D* hasta el final de v. (18 ps).
Vs 2 y 4: D.
V 3: *2pjD, 1D* hasta el final de v. (12 ps).
V 5: *2pjD* hasta el final de v. (6 ps).
Corta la hebra, enhébrala a través de los puntos y únelos para cerrar el centro del cuerpo. Cose los bordes laterales juntos para darle forma circular. Cose un botón pequeño en un circulito de fieltro para hacer el ojo del pez. Cóselo en el babero ya terminado.

Peces tropicales de juguete

Estos pequeños peces son superjuguetes por sí solos, pero también puedes hacer unos cuantos y colgarlos en diferentes largos de lana o lazo para elaborar un móvil de bebé.

Talla: 12 cm de ancho, 11 cm de alto.

Lana: Sirdar Hayfield Bonus DK (100% acrílico; 100 g; 280 m): CP naranja (tono 981) o amarillo girasol (tono 978) 50 g; CC blanco (tono 961) 50 g; King Cole Cottonsoft DK (100% algodón; 100 g; 210 m): CP verde menta (tono 715) 50 g. Ver página 140 para más referencias.

Otros materiales: 50 g de relleno para juguetes y 2 botones (6 mm de diámetro) para cada pez.

Agujas: Agujas rectas de 4 mm.

Accesorios: Aguja lanera o de zurcido.

Tensión: Cuadrado de 10 cm = 22 ps × 28 vs en punto jersey con agujas de 4 mm con el CP.

Elaboración: Tejido en plano.

Habilidades requeridas: Tejer un elástico de un punto revés, disminuciones y aumentos, tejer rayas, costuras.

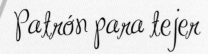

Patrón para tejer

CUERPO – HAZ 1

Con el CP y agujas de 4 mm, monta 26 ps.

Vs 1-9: *1D, 1R, rep desde * hasta el final. (26 ps).

V 10: [LR] *2pjR* 13 veces. (13 ps).

V 11: 1D, *Dda, 1D, rep desde * hasta el final. (19 ps).

V 12 y cada v sig alt: R.

V 13: 1D, *Dda, 3D, Dda, 2D, Dda, 1D, rep desde * hasta el final. (25 ps).

V 15: 1D, *Dda, 4D, Dda, 4D, Dda, 1D, rep desde * hasta el final. (31 ps).

V 17: 1D, *Dda, 12D, Dda, 1D, rep desde * hasta el final. (35 ps). Teje las vs 18, 19, 22, 23, 26 y 27 en CC y las vs res en CP.

Vs 18-34: Empieza con una v R, teje en p jer.

V 35: 1D, *2pjD, 5D, 2pjD, 5D, 2pjD, 1D, rep desde * hasta el final. (29 ps).

V 36 y cada sig v alt: R.

V 37: 1D, *2pjD, 4D, 2pjD, 3D, 2pjD, 1D, rep desde * hasta el final. (23 ps).

V 39: 1D, *2pjD, 2D, 2pjD, 2D, 2pjD, 1D, rep desde * hasta el final. (17 ps).

V 41: 1D, *2pjD, 2D* 5 veces, 1D. (12 ps).

V 43: *2pjD* 6 veces. (6 ps).

Corta la hebra, enhébrala a través de los ps y únelos para cerrar la boca del pez. Cose los bordes laterales juntos (esta costura se lleva a cabo en la parte inferior del pez). Rellena el pez por el borde de montado, cose los bordes de montado juntos al final de la cola. Para definir la cola, cose una puntada simple a lo largo de la v 10, tira de la hebra para unir los puntos y asegura la hebra.

ALETA – HAZ 2

Con el CP y agujas de 4 mm, monta 14 ps.

V 1: *1D, 1R* rep hasta el final.

Vs 2-13: Rep v 1 (o hasta que la pieza sea cuadrada).

Cerrar. Dobla la pieza por la mitad diagonalmente para hacer un triángulo, cose los bordes juntos. Cose una aleta encima y otra debajo de cada pez.

OJOS – HAZ 2

Con el CC y agujas de 4 mm, monta 4 ps.

V 1: [LR] R.

V 2: [LD] Dda, D hasta el último p, Dda. (6 ps).

Vs 3 y 4: Rep vs 1 y 2. (8 ps).

V 5: R.

V 6: 2pjD, D hasta los últimos 2 ps, 2pjD. (6 ps).

Vs 7 y 8: Rep vs 5 y 6. (4 ps).

Corta la hebra, enhébrala y pásala a través de los puntos para cerrar. Con el cabo suelto, cose una puntada simple a lo largo del borde externo de la pieza y añade un poco de relleno en el centro, tira de la hebra para unir los puntos y formar una bolita; asegura la hebra. Cose un botón pequeño encima para formar la pupila y cose el ojo terminado en cada lateral del pez.

Posavasos tortuga marina

Estas pequeñas tortugas iluminarán el cuarto del bebé y también serán divertidos juguetes (sin los botones). Puedes tejer la concha plana o en redondo, pues se dan las instrucciones para ambas opciones.

Patrón para tejer

CONCHA – HAZ 1

PARA TEJER EN REDONDO

Con adp de 6 mm en CC, monta 42 ps con el montado continental (ver página 119) y une en redondo.

V 1 y cada v alt: R.
V 2: *2pjD, 5D* 6 veces. (36 ps).
V 4: *2pjD, 4D* 6 veces. (30 ps).
V 6: *2pjD, 3D* 6 veces. (24 ps).
V 8: *2pjD, 2D* 6 veces. (18 ps).
V 10: *2pjD, 1D* 6 veces. (12 ps).
V 12: *2pjD* 6 veces. (6 ps).
Corta la hebra, enhébrala a través de los puntos y tira para unirlos en el centro de la concha. Asegura el hilo y remata los cabos.

PARA TEJER EN PLANO

Con agujas rectas de 6 mm en CC, monta 42 ps con el montado continental (ver página 119). Cont el patrón de tejer en redondo pero D todas las vs impares. Termina como el patrón de tejer en redondo, cose los bordes laterales juntos para terminar la concha.

COLORES

Para la tortuga azul y amarilla, monta el CP y teje el resto del patrón con el CC. Para la de rayas rosas y lilas, monta con el CC y teje 2 vs en CP y 2 vs en CC, repite estas 4 vs.

CABEZA – HAZ 1

Con el CP y agujas rectas de 6 mm, monta 20 ps con el montado continental.
Vs 1 y 3: D.
V 2: 4D, *2pjD* 6 veces, 4D. (14 ps).
V 4: 1D, *2pjD* 6 veces, 1D. (8 ps).
Divide los puntos en 2 agujas, con 4 ps en cada aguja, y cóselos juntos usando la puntada invisible para unir la costura en el centro de la cabeza. Cose el borde de la cabeza a un lado de la concha. Cose dos botones en un par de círculos blancos de fieltro para confeccionar los ojos y cóselos en la cabeza.

Lana: Stylecraft Special Chunky (100% acrílico; 100 g, 144 m); tortuga rosa y lila: CP rosa fondant (tono 1241) 25 g; CC lila lavanda (tono 1188) 25 g. Tortuga azul y amarilla: CP azul margarita (tono 1003) 25 g; CC amarillo limón (tono 1020) 25 g. Tortuga verde y amarilla: CP amarillo limón (tono 1020) 25 g; verde álamo (tono 1422) 25 g. Ver página 140 para más referencias.

Otros materiales: 2 botones (6 mm de diámetro), pequeños círculos de fieltro blanco.

Agujas: Agujas rectas de 6 mm y adp.

Accesorios: Aguja lanera o de zurcido.

Tensión: Cuadrado de 10 cm = 14 ps × 20 vs en punto jersey con agujas de 6 mm con el CP.

Elaboración: Tejido en plano o en redondo.

Habilidades requeridas: Costuras, unir puntos sin cerrar, cambiar colores, tejer en redondo (si quieres).

PATAS – HAZ 4

Con el CP y agujas rectas de 6 mm, monta 12 ps.
V 1: D.
V 2: *2pjD* 6 veces. (6 ps).
Corta la hebra, enhébrala a través de los ps y únelos para cerrar. Forma un semicírculo con los ps de montado a modo de borde externo y cóselo en un lateral de la concha.

Manta de olas tropicales

Esta manta para bebé usa aumentos y disminuciones para crear un patrón de olas chevron. Experimenta con diferentes anchos de las rayas o colores para crear tu propio diseño de olas. Puedes hacer la manta más ancha o estrecha aumentando o disminuyendo el número de puntos de montado en múltiplos de 17.

Talla: 55 × 61 cm.

Lana: Stylecraft Special Chunky (100% acrílico; 100 g; 144 m): CP blanco (tono 1001) 200 g; CC1 azul margarita (tono 1004) 100 g; CC2 azul bebé (tono 1232) 100 g; CC3 amarillo limón (tono 1020) 100 g. Ver página 140 para más referencias.

Agujas: Agujas circulares de 6 mm en 80 cm.

Accesorios: Aguja lanera o de zurcido.

Tensión: Cuadrado de 10 cm = 14 ps × 38 vs en punto bobo con agujas de 6 mm con el CP.

Elaboración: Tejido en plano con agujas circulares para acomodar el número de puntos.

Habilidades requeridas: Aumentos y disminuciones, levantar puntos.

Patrón para tejer

MANTA
Con el CP y agujas circulares de 6 mm, monta 104 ps.
Vs 1 y 2: D.
V 3: 1D, *Dda, 6D, des1 dirR, 2pjD, ppde 6D, Dda, rep desde * hasta el último p, 1D. (104 ps).
Rep vs 2 y 3 en secuencia de colores: CC1, CP, CC2, CP, CC3, CP (2 vs en cada color) hasta que la manta mida 60 cms de largo en el punto más corto. Terminando con las vs 2 y 3 en CP.
Sig v: Con CP, D.
Cierra y remata los cabos.

BORDES LATERALES
Con el CP y agujas circulares de 6 mm, levanta un punto por cada pico de punto bobo a lo largo de un lateral de la manta.
Vs 1, 2 y 3: 2pjD, D hasta los últimos 2 ps, 2pjD.
Cierra.
Repite para el otro lateral.

Chaleco tiburón

Este chaleco tiene una sorpresa en la capucha…
¡dientes! Se teje en plano con una aguja circular para
acomodar los puntos; las sisas se tejen en circular.

Talla: 6-12 meses (pecho 44-46 cm);
12-18 meses (pecho 47-49 cm);
18-24 meses (pecho 50-52 cm). El tamaño
de la muestra es de 6-12 meses.

Lana: King Cole Big Value Chunky (100%
acrílico; 100 g; 152 m): CP gris (tono 547)
200 (250) g; Stylecraft Special Chunky
(100% acrílico; 100 g; 144 m): CC blanco
(tono 1001) 50 g. Ver página 140 para más
referencias.

Otros materiales: 5 botones frontales
(13 mm de diámetro), 2 agujeros para
los ojos (13 mm de diámetro), 2 círculos
de fieltro.

Agujas: Agujas rectas de 6 mm, agujas
circulares en cable de 40 cm y adp.

Accesorios: 2 sujetapuntos.

Tensión: Cuadrado de 10 cm =
14 ps × 20 vs en punto jersey con
agujas de 6 mm con el CP.

Elaboración: Tejido en plano con
agujas circulares, tejido en redondo.

Habilidades requeridas: Sujetar puntos
sin cerrar y coserlos, tejido intarsia.

Patrón para tejer

CHALECO

NOTA PARA TEJER LOS OJALES

Teje el primer ojal en la vuelta 4 para niñas / vuelta 3 para niños, y cada
14 vueltas encima del primero y antes de la capucha como sigue: teje el prin de
la vuelta LD para niñas / prin vuelta LR para niños. En vez de tejer los primeros
4 ps, teje *1D, ph, 2pjD, 1D* y cont el patrón para el resto de la vuelta.

CUERPO

Con el CP y agujas circulares de 6 mm, monta 70 (74, 78) ps.
V 1: [LR] 4D, *2R, 2D* hasta los últimos 6 ps, 2R, 4D.
V 2: [LD] 4D, *2D, 2R* hasta los últimos 6 ps, 6D.
Vs 3 y 4: Rep vs 1 y 2.
V 5: 4D, R hasta los últimos 4 ps, 4D.
V 6: D.
Rep vs 5 y 6 hasta que la pieza mida 18 (20, 22) cm, y termina con una v LR.
Sig v LD: 18 (19, 20) D, cierra los siguientes 2 ps para la sisa, D hasta los
últimos 20 (21, 22) ps, cierra los siguientes 2 ps para la sisa, D los puntos que
queden. (66 [70, 74] ps).

FRONTAL IZQUIERDO

Teje los primeros 18 (20, 22) ps para el frontal derecho sólo con el LR hacia ti.
Sujeta los ps res en un sujetapuntos para tejer más tarde el frontal derecho
y la espalda.
V 1: [LR] 4D, R hasta la sisa, gira.
V 2: [LD] 1D, ddD, D los ps res. (17 [18, 19] ps).
Vs 3 y 4: Rep vs 1 y 2. (16 [17, 18] ps).
V 5: Rep v 1.
V 6: 16 (17, 18) D.
Rep vs 5 y 6 hasta que la pieza tejida mida 30 (32, 34) cm de largo, y termina
con una v LD.
Sig v LR: Cierra los primeros 5(5,6) ps, R los ps res (11 [12, 12] ps). Sujeta
estos 11 (12, 12) ps en un sujetapuntos para hacer la capucha.

ESPALDA

Devuelve los 30 (32, 34) ps sujetados para la espalda a las agujas con el LR.

V 1: R hasta la sisa. (30 [32, 34] ps).

V 2: 1D, ddD, D hasta los últimos 3 ps, 2pjD, 1D. (28 [30, 32] ps).

Vs 3 y 4: Rep vs 1 y 2. 26 (28, 30) ps.

Empieza con una v R, teje en p jer hasta que la pieza mida 30 (32, 34) cm de largo, terminando con una v LD.

Sig v LR: Cierra los primeros y últimos 5 (5, 6) ps, R los 16 (18, 18) ps centrales. Sujeta estos 16 (18, 18) ps en un sujetapuntos para la capucha.

FRONTAL DERECHO

Devuelve los 18 (20, 22) ps para el frontal derecho a las agujas con el LR hacia ti.

V 1: R hasta los últimos 4 ps, 4D.

V 2: D hasta los últimos 3 ps, 2pjD, 1D. (17 [18, 19] ps).

Vs 3 y 4: Rep vs 1 y 2. (16 [17, 18] ps).

V 5: Rep v 1.

V 6: 16 (17, 18) D.

Rep vs 5 y 6 hasta que la pieza tejida mida 30 (32, 34) cm de largo terminando con una v LD.

Sig v LR: R hasta los últimos 5 (5, 6) ps, cierra los últimos 5 (5, 6) ps. Sujeta los 11 (12, 13) ps restantes en un sujetapuntos para la capucha.

CAPUCHA

Pasa los 38 (40, 42) ps sujetados para la capucha a una aguja circular de 6 mm con el LD hacia ti.

V 1: [LD] Con el CP 4 (6, 6) D, *Dda, 4D* hasta los últimos 4 (6, 6) ps, D los ps res. (44 [48, 48] ps). CM después del p 22 (24, 24) (centro de la espalda).

V 2: [LR] Con el CP 4D, R hasta los últimos 4 ps, 4D.

V 3: Tejer los dientes en los bordes. Con el CC Dda, 1D, Dda; con el CP D hasta 1 p antes del marcador central, 1A, 1D, dm, 1D, 1A, D hasta los últimos 3 ps, en CC Dda, 1D, Dda.

V 4: Con CC 5D, con CP 1D, R hasta los últimos 6 ps, 1D, con CC 5D.

V 5: Con CC Dda, 3D, Dda, con CP D hasta 1 p antes del marcador central, 1A, 1D, dm, 1D, 1A, D hasta los últimos 5 ps, con CC Dda, 3D, Dda.

V 6: Con CC 7D, con CP 1D, R hasta los últimos 8 ps, 1D, con CC 7D.

V 7: Con CC Dda, 5D, Dda, con CP D hasta 1 p antes del marcador central, 1A, 1D, dm, 1D, 1A, D hasta los últimos 7 ps, con CC Dda, 5D, Dda.

V 8: Con CC 9D, con CP 1D, R hasta los últimos 10 ps, 1D, con CC 9D.

V 9: Con CC Dda, 7D, DDa, con CP D hasta 1 p antes del marcador central, 1A, 1D, dm, 1D, 1A, D hasta los últimos 9 ps, CM, con CC Dda, 7D, Dda.

V 10: Con CC cerrar 8 ps, D hasta el primer marcador y quitarlo, con CP 1D, R hasta los últimos 12 ps, 1D, con CC 3D, cerrar los últimos 8 ps.

Rep vs 3-10 5 veces, con 6 dientes a cada lado del borde de la capucha (puedes hacer una capucha más alta si lo deseas). Divide los puntos igualmente entre las dos agujas y cóselos juntos para unir la parte superior de la capucha. Cose botones en círculos de fieltro y luego en la capucha para elaborar los ojos. Cose los botones en los frontales, debajo de los ojales.

SISAS

Cose la unión de los hombros, juntando los ps de cierre de la parte frontal y de la espalda. Con el LD hacia ti, con el CP y empezando en la parte inferior de la sisa, usa adp de 6 mm para levantar unos 3 ps cada 4 vs y 2 ps en la axila alrededor de la sisa. El núm total de ps tiene que ser múltiple de 4. Une en círculo.

Vs 1 a 5: *2D, 2R* hasta el final de v. Cierra sin apretar y remata los cabos sueltos.

Capítulo 6

En el bosque

El bosque se hace realidad con estos proyectos de fauna salvaje que incluyen un práctico babero, un cojín decorativo de búho y algunas cálidas prendas de invierno.

Babero zorro

Este práctico babero se confecciona con el punto chevron para tejer la cabeza del zorro, e incorpora el detalle de los ojos para que sea más divertido.

Talla: 21 cm de ancho × 30 cm de alto (de orejas a barbilla).

Lana: Sirdar Hayfield Bonus DK (100% acrílico; 100 g; 280 m): CP naranja zorro (tono 779) 50 g; CC1 blanco (tono 961) 50 g; CC2 naranja oxidado (tono 780) 50 g. Ver página 140 para más referencias.

Otros materiales: 1 botón de cierre (13 mm de diámetro), 2 botones para los ojos (13 mm) o círculos de fieltro negro, círculos dc ficltro blanco y fieltro negro para la nariz.

Agujas: Agujas rectas de 4 mm.

Tensión: Cuadrado de 10 cm = 22 ps × 40 vs en punto bobo con agujas de 4 mm con el CP.

Elaboración: Tejido en plano.

Habilidades requeridas: Cambiar colores al final de una vuelta, aumentos y disminuciones.

Patrón para tejer

BABERO

Con el CC2 y agujas de 4 mm, monta 61 ps.
V 1: [LD] D.
V 2: [LR] 1D, Dda, 26D, 2pjD, 1D, ddD, D hasta los últimos 2 ps, Dda, 1D. (61 ps).
Rep vs 1 y 2 hasta que la pieza mida 6 cm, y termina con una v LR.
Sig v LD: Cambia a CC1 y rep vs 1 y 2 hasta que la pieza mida 9,5 cm, y termina con una v LR.
Desde la sig v LD: Cambia a CP y rep vs 1 y 2 tres veces.

PARTE SUPERIOR DE LA CABEZA

Cont con el CP.
V 1 y todas las sig vs alt: D.
V 2: 1D, Dda, 25D, 2pjD, 3D, ddD, D hasta los últimos 2 ps, Dda, 1D.
V 4: 1D, Dda, 24D, 2pjD, 5D, ddD, D hasta los últimos 2 ps, Dda, 1D.
V 6: 1D, Dda, 23D, 2pjD, 7D, ddD, D hasta los últimos 2 ps, Dda, 1D.
V 8: 1D, Dda, 22D, 2pjD, 9D, ddD, D hasta los últimos 2 ps, Dda, 1D.
V 10: 1D, Dda, 21D, 2pjD, 11D, ddD, D hasta los últimos 2 ps, Dda, 1D.
V 12: 1D, Dda, 20D, 2pjD, 13D, ddD, D hasta los últimos 2 ps, Dda, 1D.
V 14: 1D, Dda, 19D, 2pjD, 15D, ddD, D hasta los últimos 2 ps, Dda, 1D.
V 16: 1D, Dda, 18D, 2pjD, 17D, ddD, D hasta los últimos 2 ps, Dda, 1D.
V 18: 1D, Dda, 17D, 2pjD, 19D, ddD, D hasta los últimos 2 ps, Dda, 1D.
V 20: 1D, Dda, 16D, 2pjD, 21D, ddD, D hasta los últimos 2 ps, Dda, 1D.
V 22: 1D, Dda, 15D, 2pjD, 23D, ddD, D hasta los últimos 2 ps, Dda, 1D.
V 24: 1D, Dda, 14D, 2pjD, 25D, ddD, D hasta los últimos 2 ps, Dda, 1D.
Vs 26 y 28: rep v 24.
V 29: D.
Cierra.

TIRA 1

Con el CP y agujas de 4 mm, monta 5 ps.
V 1 y las sig vs alt: D.
V 2: 1D, Dda, D hasta los últimos 2 ps, Dda, 1D. (7 ps).
Vs 4 y 6: Rep v 2. (11 ps).
Sig vs: D hasta que la tira mida 14 cm.
Cerrar.

TIRA 2

Con el CC1 y agujas de 4 mm, monta 2 ps.
V 1 y las sig vs alt: D.
V 2: Dda, 1D. (3 ps).
V 4: *Dda* 2 veces, 1D. (5 ps).
V 6: Dda, D hasta los últimos 2 ps, Dda, 1D. (7 ps).
Vs 8 y 10: Rep v 6. (11 ps).
V 12: 5D, ph, 2pjD, D los ps res. (11 ps).
V 14: Rep v 6. (13 ps).
Vs 15 a 23: D.
V 24: 1D, ddD, D hasta los últimos 3 ps, 2pjD, 1D. (11 ps).
Vs sig: Cambia a CP y D hasta que la tira mida 15 cm. Cierra.

ACABADO

Cose los bordes de cierre de las tiras debajo de las orejas del babero y un botón al final de la tira 1. Cose delante los ojos y la nariz.

Cojín búho

Este cojín colorido con forma de búho animará cualquier sofá o cuarto de bebé. Usa el tejido intercalado o fair isle para confeccionar el patrón de la barriga del búho. Si te parece demasiado complicado, puedes tejer la barriga (vueltas 1 a 39) en un solo color o a rayas.

Patrón para tejer

CUERPO – HAZ 2

Con el CC1 y agujas de 5 mm, monta 35 ps.

V 1: R. (35 ps).

V 2: Dda, D hasta el último p, Dda. (37 ps).

Une el CC2 y teje como sigue:

V 3: CC1 4R, *CC2 R1, CC1 R3, rep desde * hasta el último p, CC1 1R. (37 ps).

V 4: CC1 Dda, 2D, *CC2 3D, CC1 1D, rep desde * hasta los últimos 2 ps, CC1 1D, Dda. (39 ps).

V 5: CC1 5R, *CC2 R1, CC1 R3, rep desde * hasta el último p, CC1 2R. (39 ps).

V 6: CC1, DDa, 2D, *CC2 1D, CC1 3D, rep desde * hasta los últimos 4 ps, CC2 1D, CC1 2D, DDa. (41 ps).

V 7: CC1 3R, *CC2 3R, CC1 1R, rep desde * hasta los últimos 2 ps, CC1 R2. (41 ps).

V 8: CC1 Dda, 3D, *CC2 1D, CC1 3D, rep desde * hasta el último p, CC1 Dda. (43 ps).

V 9: *CC1 3R, CC2 1R, rep desde * hasta los últimos 3 ps, CC1 3R. (43 ps).

V 10: CC1 2D, *CC2 3D, CC1 1D, rep desde * hasta el último p, CC1 1D. (43 ps).

V 11: Rep v 9.

V 12: CC1 5D, *CC2 1D, CC1 3D, rep desde * hasta los últimos 2 ps, CC1 2D. (43 ps).

V 13: CC1 4R, *CC2 3R, CC1 1R, rep desde * hasta los últimos 3 ps, CC1 3R. (43 ps).

V 14: Rep v 12.

Vs 15-38: Rep vs 9-14 4 veces.

V 39: CC1 R. (43 ps).

Vs 40-55: Teje todas las vs sig en CP.

Empieza con una v D y teje en p jer 16 vs.

V 56: 2pjD a, D hasta los últimos 2 ps, 2pjD. (41 ps).

Talla: Aprox 33 × 30 cm.

Lana: Stylecraft Special Chunky (100% acrílico; 100 g; 144 m): CP verde prado (tono 1065) 100 g; CC1 lila lavanda (tono 1188) 50 g; CC2 rosa fondant (tono 1241) 50 g; CC3 blanco (tono 1001) 50 g; CC4 amarillo limón (tono 1020) 50 g. Ver página 140 para más referencias.

Otros materiales: 200 g de relleno para juguetes, 2 botones de 15 mm de diámetro.

Agujas: Agujas rectas de 5 mm.

Tensión: Cuadrado de 10 cm = 16 ps × 22 vs en punto jersey con agujas de 5 mm con el CP.

Elaboración: Tejido en plano.

Habilidades requeridas: Tejido fair isle intercalado, costuras.

Vs 57-59: Empieza con una v R y teje en p jer 3 vs.

Vs 60-67: Rep vs 56-59 2 veces. (37 ps).

V 68: Dda, D hasta el último p, Dda. (39 ps).

V 69: R.

Vs 70-73: Rep vs 68 y 69 2 veces. (43 ps).

V 74: Rep v 68. (45 ps).

Cierra. Cose las piezas del cuerpo juntas a lo largo de los bordes, y añade relleno mientras coses.

PICO – HAZ 1

Con el CC4 y agujas de 5 mm, monta 5 ps.

V 1 y todas las sig v alt: R.

V 2: 2D, 1A, 1D, 1A, 2D. (7 ps).

V 4: 3D, 1A, 1D, 1A, 3D. (9 ps).

V 6: 4D, 1A, 1D, 1A, 4D. (11 ps).

V 8: 3D, ddD, 1D, 2pjD, 3D. (9 ps).

V 10: 2D, ddD, 1D, 2pjD, 2D. (7 ps).

V 12: 1D, ddD, 1D, 2pjD, 1D. (5 ps).

V 14: 1D, 3pjD, 1D. (3 ps).

Corta la hebra, enhébrala a través de los ps y únelos para cerrar. Cose el pico delante del búho.

OJOS – HAZ 2

Con el CC3 y agujas de 5 mm, monta 6 ps.

Teje las vs 1-11 con el CC3 y las vs 12-21 con el CP.

V 1 y cada v alt: R.

V 2: Ddad, D hasta el último p, Ddad. (10 ps).

Vs 4 y 6: Dda, D hasta el último p, Dda. (14 ps).

Vs 8 y 12: D.

V 10: Rep v 4. (16 ps).

Vs 14, 16 y 18: 2pjD a, D hasta los últimos 2 ps, 2pjD. (10 ps).

V 20: 3pjD a, D hasta los últimos 3 ps, 3pjD. (6 ps).

Cierra. Cose un botón negro en cada pieza del ojo y cose los ojos por encima del pico, añade un poco de relleno por dentro para acolcharlos.

> *Truco* Para Ddad, teje por delante, por atrás, y otra vez por delante el siguiente punto para hacer 2 puntos adicionales.

ALAS – HAZ 2

Con el CP y agujas de 5 mm, monta 17 ps.

V 1 y todas las sig v alt: R.

V 2: 8D, 1A, 1D, 1A, 8D. (19 ps).

V 4: 9D, 1A, 1D, 1A, 9D. (21 ps).

V 6: 10D, 1A, 1D, 1A, 10D. (23 ps).

Vs 8, 10, 12, 14 y 16: Cont aum como vs 2, 4 y 6, aum de 2 ps por v. (33 ps).

V 18: 14D, ddD, 1D, 2pjD, 14D. (31 ps).

V 20: 13D, ddD, 1D, 2pjD, 13D. (29 ps).

Vs 22, 24 y 26: Cont dism como ls vs 18 y 20, dism de 2 ps por v. (23 ps).

V 28: 2pjD, 7D, ddD, 1D, 2pjD, 7D, ddD. (19 ps).

V 30: 2pjD, 5D, ddD, 1D, 2pjD, 5D, ddD. (15 ps).

V 32: 2pjD, 3D, ddD, 1D, 2pjD, 3D, ddD. (11 ps).

V 34: 2pjD, 1D, ddD, 1D, 2pjD, 1D, ddD. (7 ps).

V 36: 2pjD, 1D, ddD, 1D. (5 ps).

V 38: 1D, 3pjD, 1D. (3 ps).

Corta la hebra, enhébrala a través de los puntos y únelos para cerrar. Cose las alas en los laterales del búho para que el borde de montado del ala coincida con la v 40 del cuerpo. Añade relleno dentro de las alas para acolcharlas.

Gorro reno

Este pequeño gorro es fácil de tejer, y para que sea más divertido puedes añadirle un par de cuernos. Puedes sustituir los cuernos por unas orejas de oso, lobo o liebre ártica de los patrones de cintas para el pelo.

Talla: 12-36 meses (se estira para cabezas de hasta 46 cm de circunferencia, 20 cm de alto).

Lana: Stylecraft Special Chunky (100% acrílico; 100 g; 144 m): CP beige (tono 1218) 100 g; CC rosa frambuesa (tono 1023) 100 g. Ver página 140 para más referencias.

Otros materiales: Un poco de relleno para juguetes.

Agujas: Agujas rectas de 5,5 mm y 6 mm.

Accesorios: Aguja lanera o de zurcido, sujetapuntos.

Tensión: Cuadrado de 10 cm = 14 ps × 20 vs en punto jersey con agujas de 6 mm con el CP.

Elaboración: Tejido en plano.

Habilidades requeridas: Coser, tejer rayas, sujetar puntos.

Patrón para tejer

GORRO – HAZ 1
Con el CP y agujas de 5,5 mm, monta 62 ps.

BORDE
V 1: *2D, 2R* hasta los últimos 2 ps, 2D.
V 2: *2R, 2D* hasta los últimos 2 ps, 2R.
Rep vs 1 y 2 2 veces.

GORRO
Sig v: Cambia a agujas de 6 mm y D.
Sig v: Empieza y termina con una v R, teje con rayas de 2 vs CC y 2 vs CP, rep el patrón en p jer hasta que la pieza mida 15 cm.

Truco Para hacer un gorro más pequeño, teje con lana Aran en agujas de 5 mm. Para convertir el patrón y tejerlo en redondo, monta 2 ps menos. Teje el borde en elástico 2D, 2R 6 vs, y para el gorro D todas las vs con el patrón de rayas. Para darle la forma, ignora los primeros 2D de las vs 1, 5, 7, 9 y 11 (no tienes que tejerlos) y D todas las vs alt.

PARTE SUPERIOR

Teje las vs res con el CP.

V 1: [LD] 2D, *2pjD, 4D* hasta el final. (52 ps).

Vs 2 a 4: Empieza y termina con una v R, teje en p jer.

V 5: 2D, *2pjD, 3D* hasta el final. (42 ps).

V 6 y todas las sig vs alt: R.

V 7: 2D, *2pjD, 2D* hasta el final. (32 ps).

V 9: 2D, *2pjD, 1D* hasta el final. (22 ps).

V 11: *2pjD* hasta el final. (11 ps).

Corta la hebra, enhébrala a través de los puntos y únelos para cerrar la parte superior del gorro. Cose los bordes laterales juntos y remata los cabos para terminar.

CUERNOS – HAZ 2

Con el CC y agujas de 6 mm, monta 12 ps.

V 1 y cada v alt (impares): R.

V 2: 5D, 1A, 2D, 1A, 5D. (14 ps).

V 4: 5D, 1A, 4D, 1A, 5D. (16 ps).

V 6: 5D, 1A, 6D, 1A, 5D. (18 ps).

V 8: 5D, 1A, 8D, 1A, 5D. (20 ps).

V 10: 5D, 1A, 10D, 1A, 5D. (22 ps).

V 12: 6D, desliza 10 ps a un sujetapuntos (parte inferior del cuerno), 6D. (12 ps).

V 14: D. (12 ps).

Vs 16-22: Rep vs 2-8. (20 ps).

V 24: 5D, desliza 10 ps a un sujetapuntos (parte superior del cuerno), 5D. (10 ps).

Vs 26 y 28: D. (10 ps).

V 30: *2pjD* 5 veces. (5 ps).

Corta la hebra, enhébrala a través de los puntos y únelos para cerrar la punta de los cuernos. Asegura la hebra.

PARTE SUPERIOR DEL CUERNO

Pasa los 10 ps sujetados a la aguja para tejer con el LD hacia ti. Empieza con una v D, teje en p jer 4 vs.

Sig v: *2pjD* 5 veces. (5 ps).

Corta la hebra y une los ps para el cuerno.

PARTE INFERIOR DEL CUERNO

Pasa los 10 ps sujetados a la aguja para tejer con el LD hacia ti. Empieza con una v D, teje en p jer 6 vs.

Sig v: *2pjD* 5 veces. (5 ps).

Corta la hebra y une los puntos para el cuerno.

Cose los bordes laterales de los cuernos juntos, añade relleno para juguetes y cose el borde de montado en la parte superior del gorro.

Mitones petirrojo

Estos pequeños mitones sin dedos tienen un cierre superior y un diseño que simula a un petirrojo. Pueden hacerse con o sin rayas en los dos diseños mostrados.

Patrón para tejer

MITÓN IZQUIERDO

CAÑA
Con el CP y agujas de 4 mm, monta 34 (36, 38) ps.
Teje en un elástico 1D, 1R 5 (5,5, 6) cm.

PULGAR
V 1 y todas las sig v alt: [LR] R.
V 2: [LD] 15 (16, 17) D, 1A, 2D, 1A, 17 (18, 19) D. (36 [38, 40] ps).
V 4: 15 (16, 17) D, 1A, 4D, 1A, 17 (18, 19) D. (38 [40, 42] ps).
V 6: 15 (16, 17) D, 1A, 6D, 1A, 17 (18, 19) D. (40 [42, 44] ps).
V 8: 15 (16, 17) D, 1A, 8D, 1A, 17 (18, 19) D. (42 [44, 46] ps).
V 10: 15 (16, 17) D, 1A, 10D, 1A, 17 (18, 19) D. (44 [46, 48] ps).
Talla pequeña: Teje 2 vs en p jer.
Tallas mediana y grande: Añade otra v aum hasta (48, 50) ps, y teje (3, 5) vs en p jer.
Sig v LD: 15 (16, 17) D, desliza 12 (14, 14) ps a un sujetapuntos, 17 (18, 19). (32 [34, 36] ps).

PARTE SUPERIOR DEL MITÓN
Teje en p jer hasta que el mitón mida 12,5 (15, 17,5) cm de largo.
Cierra sin apretar.

PARTE SUPERIOR DEL PULGAR
Coloca los 12 (14, 14) ps del sujetapuntos en una aguja con el LD hacia ti y teje en p jer 5 (6, 8) vs. Cierra sin apretar.

Truco Como variación del patrón, teje la caña en CC y el mitón en rayas de 2 vs en CP, como se muestra a la izquierda.

Talla: 12-18 meses (circunferencia de mano 16 cm); 18-36 meses (circunferencia de mano 17 cm); 36 meses y mayores (circunferencia de mano 18 cm).

Lana: Sirdar Country Style DK (40% nailon, 30% lana; 30% acrílico; 50 g): CP marrón visón (tono 477) 50 g. Rowan Pure Wool Dk (100% lana; 50 g; 125 m): CC rojo beso (tono 036) 25 g. Ver página 140 para más referencias.

Otros materiales: 4 botones pequeños para los ojos (6 mm de diámetro), pequeños círculos blancos de fieltro, un poco de lana amarilla, 2 botones rojos medianos (13 mm de diámetro).

Agujas: Agujas rectas de 4 mm.

Accesorios: Sujetapuntos.

Tensión: Cuadrado de 10 cm = 22 ps × 28 vs en punto jersey con agujas de 4 mm con el CP.

Elaboración: Tejido en plano.

Habilidades requeridas: Sujetar puntos sin cerrar, costura.

CIERRE SUPERIOR

Haz el cierre del botón. Con el CP y agujas de 4 mm, monta 11 ps y cierra 10 ps (1 p). Monta 6 (7, 8) ps. (7 [8, 9] ps).

V 1 y cada v alt impar: [LR] R.

V 2: *Dda* hasta el final de la v. (14 [16, 18] ps).

V 4: * 1D, Dda, 3 (4, 5) D, Dda, 1D, rep desde * hasta el final. (18 [20, 22] ps).

V 6: * 1D, Dda, 5 (6, 7) D, Dda, 1D, rep desde * hasta el final. (22 [24, 26] ps).

V 8: * 1D, Dda, 7 (8, 9) D, Dda, 1D, rep desde * hasta el final. (26 [28, 30] ps).

V 10: * 1D, Dda, 9 (10, 11) D, Dda, 1D, rep desde * hasta el final. (30 [32, 34] ps).

V 12: 1D, Dda, 14 (15, 16) D, Dda, D ps res. (32 [34, 36] ps). Empieza con una v R, teje en p jer hasta que la pieza mida 7,5 (8, 8,5) cm. Cierra.

BARRIGA DEL PETIRROJO

Con el CC y agujas de 4 mm, monta 24 ps.

V 1: [LD] *2pjD, 1D* 8 veces. (16 ps).

V 2: D.

V 3: *2pjD* 8 veces. (8 ps).

Corta la hebra, enhébrala a través de los ps y únelos para cerrar la barriga. Cose los bordes laterales para hacer un círculo.

MITÓN DERECHO

CAÑA

Teje igual que el mitón izquierdo.

PULGAR

V 1 y todas las sig v alt: [LR] R.

V 2: [LD] 17 (18, 19) D, 1A, 2D, 1A, 15 (16, 17) D. (36 [38, 40] ps).

V 4: 17 (18, 19) D, 1A, 4D, 1A, 15 (16, 17) D. (38 [40, 42] ps).

V 6: 17 (18, 19) D, 1A, 6D, 1A, 15 (16, 17) D. (40 [42, 44] ps).

V 8: 17 (18, 19) D, 1A, 8D, 1A, 15 (16, 17) D. (42 [44, 46] ps).

V 10: 17 (18, 19) D, 1A, 10D, 1A, 15 (16, 17) D. (44 [46, 48] ps).

Talla pequeña: Teje 2 vs en p jer.

Tallas mediana y grande: Añade otra v aum hasta (48, 50) ps. Teje (3, 5) vs en p jer.

Sig v LD: 17 (18, 19) D, desliza 12 (14, 14) ps a un sujetapuntos, 15 (16, 17) D. (32 [34, 36] ps).

PARTE SUPERIOR DEL MITÓN

Teje como el mitón izquierdo.

PARTE SUPERIOR DEL PULGAR

Teje como el mitón izquierdo.

CIERRE SUPERIOR

Teje como el mitón izquierdo.

BARRIGA DEL PETIRROJO

Teje como el mitón izquierdo.

ACABADO

Cose los bordes laterales del mitón y el pulgar. Cose la costura lateral del cierre superior y el borde de cierre en un lado de la parte superior del mitón. Cose el botón en el mitón, debajo del cierre. Cose la barriga en el cierre superior y borda el pico en forma de V con lana amarilla. Cose los botones en círculos de fieltro blanco y pega los ojos sobre el pico.

Jersey, juguete y bufanda búho

Este jersey se teje de arriba abajo, con unos bordes que se enrollan y un bolsillo con búho, una bufanda y juguete a juego. El cuello del jersey se teje en plano con una aguja circular para acomodar el número de puntos. La bufanda puede hacerse más ancha montando más puntos en un número par.

Patrón para tejer

JERSEY

NOTA PARA TRABAJAR LOS OJALES
Teje los ojales al principio de la v 4 y cada 3 cm en la pieza para la franja de botones como sigue: en la v LD, para 5 puntos de franja, 2D, ph, 2pjD, 1D; continúa el patrón desde *.

CUELLO
Con el CP y agujas circulares de 5 mm, monta 54 (54) ps.

Vs 1-5: 5D, *1R, 1D* hasta los últimos 5 ps, 5D.

En la v 5, CP después de los sig ps: 13 (frontal), siguientes 6 (manga), siguientes 16 (espalda), siguientes 6 (manga), dejando 13 (frontal).

V 6: [LD] 5D, *D hasta los últimos 2 ps antes del marcador, Dda, 1D, dm, Dda, rep desde * hasta los últimos 5 ps. (62 ps).

V 7: [LR] 5D, R hasta los últimos 5 ps, 5D.

Rep vs 6 y 7 hasta que tengas 150 (166) ps: 25 (27) ps (frontal), 30 (34) ps (manga), 40 (44) ps (espalda), 30 (34) ps (manga), 25 (27) ps (frontal).

En la siguiente v LD, desliza los últimos 5 ps de la franja a una aguja recta o adp de 5 mm, sujétala detrás de la franja de ojales para que se solapen, desliza el 1r p de la aguja circular a la aguja recta, 2pjD, rep con los 4 ps res de la franja para unirla. *D hasta 2 ps antes del marcador, Dda, 1D, quitar marcador, pasa los 30 (34) ps de una manga a un sujetapuntos sin tejer, monta 3 ps en la sisa, quita el siguiente marcador, Dda; rep desde * 1 vez, D hasta el final de la v y CP antes de la franja de ps para marcar el prin de la sig v. Teje el cuerpo del jersey en redondo y D todas las vs hasta que la pieza mida 32 (33) cm de largo. Cierra.

Talla: Juguete: 8 × 9 cm. Bufanda: 11 × 70 cm. Jersey: 3-12 meses (pecho 46-48 cm); 12-18 meses (pecho 52-54 cm). El tamaño de la muestra es de 12-18 meses.

Lana: Jersey: King Cole Fashion Aran (70% acrílico, 30% lana; 100 g; 200 m): CP verde hoja (tono 387) 200 g.

Bufanda: King Cole Fashion Aran (70% acrílico, 30% lana; 100 g; 200 m): CP verde hoja (tono 387) 150 g.

Búho: Sirdar Hayfield Bonus DK (100% acrílico; 100 g; 280 m): CC1 naranja zorro (tono 779) 50 g; CC2 blanco (tono 961) 50 g; CC3 amarillo limón (tono 819) 50 g; CC4 gris claro (tono 814) 50 g. Ver página 140 para más referencias.

Otros materiales: 3 botones para el jersey (13 mm de diámetro); 2 botones (6 mm de diámetro) y círculos de fieltro blanco para los ojos; 100 g de relleno para juguetes.

Agujas: Jersey: agujas circulares de 5 mm en 40 cm y adp. Búho: agujas rectas de 3,5 mm. Bufanda: agujas rectas de 5,5 mm.

Accesorios: Sujetapuntos.

Tensión: Jersey: cuadrado de 10 cm = 18 ps × 36 vs en punto jersey con agujas de 5 mm con el CP.

Elaboración: Tejido en plano y en redondo.

Habilidades requeridas: Punto inglés elástico para la bufanda, tejido intarsia para el bolsillo y el juguete de búho.

MANGAS

Pasa los 30 (34) ps del sujetapuntos y D. Levanta 5 ps en la axila y pasa a adp y une en redondo. D todas las vs hasta que la manga mida 19 (21) cm de largo desde la axila. Cierra.

ACABADO

Cose los botones en la franja bajo de los ojales.

BOLSILLO BÚHO

Con el CC1 y agujas rectas de 3,5 mm, monta 15 ps.

V 1: [LR] R.

V 2: [LD] 1D, 1A, D hasta el último p, 1A, 1D. (17 ps).

Rep vs 1 y 2 hasta que tengas 23 ps.

Empieza y termina con una v R, teje en p jer 9 vs, y teje el patrón de los ojos en intarsia.

OJOS

V 1: [LD] CC1 11D, CC3 1D, CC1 11D.

V 2: CC1 10R, CC3 3R, CC1 10R.

V 3: CC1 ddD, 5D, CC2 3D, CC3 3D, CC2 3D, CC1 5D, 2pjD. (21 ps).

V 4: CC1 5R, CC2 5R, CC3 1R, CC2 5R, CC1 5R.

V 5: CC1 4D, CC2 13D, CC1 4D.

V 6: CC1 4R, CC2 13R, CC1 4R.

V 7: CC1 ddD, 2D, CC2 13D, CC1 2D, 2pjD. (19 ps).

V 8: CC1 4R, CC2 5R, CC1 1R, CC2 5R, CC1 4R.

V 9: CC1 5D, CC2 3D, CC1 3D, CC2 3D, CC1 5D.

PARTE SUPERIOR DE LA CABEZA

Teje las sig vs en CC1.

Vs 10 y 12: R.

V 11: ddD, D hasta los últimos 2 ps, 2pjD. (17 ps).

V 13: 1D, 1A, D hasta el último p, 1A, 1D. (19 ps).

V 14: R.

Cierra. Con el CC4 borda plumas en forma de V. Cose los botones para los ojos y el bolsillo delante del jersey; borda las patas debajo con el CC3.

BUFANDA

Con el CP y agujas rectas de 5,5 mm, monta 20 ps.

V 1: 1D, *ph, des1 dirR cha, 1D, rep desde * hasta el último p, 1D. (29 ps).

V 2: 1D, *ph, des1 dirR cha, 2pjD, rep desde * hasta el último p. 1D. (29 ps).

Rep v 2 hasta el largo deseado de bufanda.

Sig v: 1D, *2pjD* hasta el último p, 1D.

Cierra.

JUGUETE BÚHO

Haz dos piezas iguales que los bolsillos con una pieza tejida sólo en CC1 para la parte trasera. Cose las piezas juntas por los bordes y añade relleno para juguetes mientras coses.

Capítulo 7

Tutoriales para tejer

Las ilustraciones y las instrucciones paso a paso
de los tutoriales te explicarán los conceptos básicos
como montar, cerrar puntos, técnicas de color
o cómo dar forma a tu labor.

Montar puntos

Para empezar a confeccionar un proyecto, tendrás que montar en las agujas
el número de puntos que te pidan. Antes de montarlos, hay que hacer
un nudo corredizo para anclar el hilo en la aguja y tejer el primer punto.

HACER UN NUDO CORREDIZO

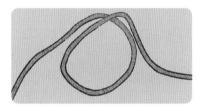

PASO 1 Sujeta el final de la hebra
con la mano izquierda y la hebra que
va a al ovillo con la derecha; haz un
pequeño bucle con el hilo.

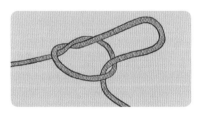

PASO 2 Pasa la hebra de la mano
derecha por debajo del bucle y
tira de ella para hacer el nudo
corredizo.

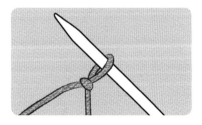

PASO 3 Pon el bucle del nudo
en la aguja y tira de la hebra para
terminar el nudo y hacer el primer
punto.

MONTADO A LA INGLESA

El montado a la inglesa confiere
un borde firme al tejido.

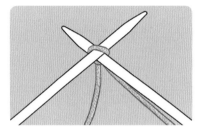

PASO 1 Haz un nudo corredizo.
Sujeta la aguja con el nudo con la
mano izquierda y la hebra que va
al ovillo y la otra aguja con la
derecha. Introduce la punta de la
aguja derecha en el nudo corredizo
de la aguja izquierda.

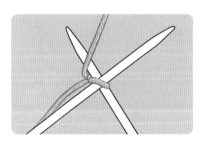

PASO 2 Envuelve la aguja derecha
por debajo y alrededor con la
hebra.

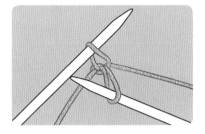

PASO 3 Pasa la punta de la aguja
derecha con la hebra alrededor
a través del punto de la aguja
izquierda, y acércatela.

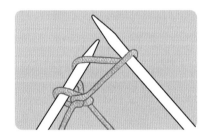

PASO 4 Desliza el bucle por la
punta de la aguja izquierda y tira
de la hebra con la que trabajas para
crear un nuevo punto.

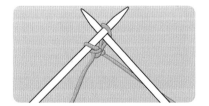

Haz todos los puntos siguientes
introduciendo la aguja derecha
entre los dos últimos puntos
de la aguja izquierda y sigue los
pasos 2-4.

MONTADO CONTINENTAL

El montado continental también se conoce como montado doble o de cabo largo y proporciona un borde más elástico al tejido que el montado a la inglesa. Antes de montar los puntos, deja un cabo que tenga cuatro o cinco veces el largo del borde que montamos, ya que utilizamos tanto el cabo como el ovillo para montar los puntos.

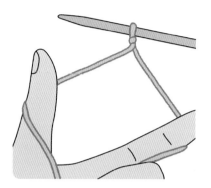

PASO 1 Haz un nudo corredizo en la aguja derecha y sujétalo con la mano derecha.

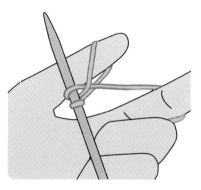

PASO 3 Pasa la punta de la aguja por debajo del bucle del pulgar.

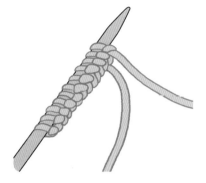

PASO 5 Suelta el bucle del pulgar para completar el punto.

Repite los Pasos 2-5 hasta que tengas el número de puntos deseado.

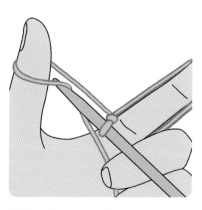

PASO 2 Sujeta la hebra con la mano izquierda, con el cabo envolviendo el pulgar, y la hebra del ovillo alrededor del índice.

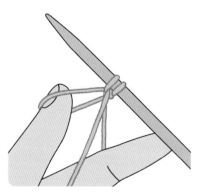

PASO 4 Pasa la punta de la aguja a través del bucle del índice y otra vez por debajo del bucle del pulgar.

Truco Estas instrucciones son para tejedores diestros. Si eres zurdo, en vez de montar los puntos con la aguja izquierda, móntalos con la derecha. Trabaja con la aguja izquierda mientras la mano derecha sujeta los puntos.

Puntos del derecho y del revés

Los tejidos de punto se hacen con puntos del derecho y del revés.
Las combinaciones de estos puntos sirven para crear diferentes texturas
y patrones.

DERECHO

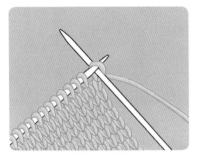

PASO 1 Sujeta la aguja con los puntos con la mano izquierda y la otra aguja con la derecha, con la hebra para trabajar hacia atrás.

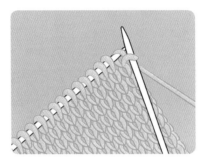

PASO 3 Tira de este nuevo bucle con la aguja derecha a través del punto de la aguja izquierda. Desliza el primer punto de la aguja izquierda hasta que caiga de la aguja.

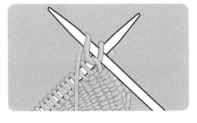

PASO 2 Envuelve la aguja derecha con la hebra para trabajar.

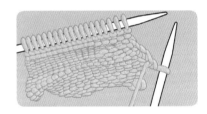

PASO 3 Tira de este nuevo bucle a través del punto de la aguja izquierda. Desliza el primer punto de la aguja izquierda hasta que caiga de la aguja.

REVÉS

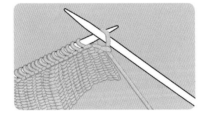

PASO 1 Coloca la aguja que sujeta los puntos en la mano izquierda y la otra en la derecha, con la hebra para trabajar por delante. Pasa la punta de la aguja derecha por el primer punto, cerca de la punta de la aguja izquierda, pasándola por delante de derecha a izquierda.

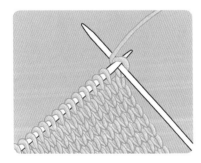

PASO 2 Pasa la punta de la aguja derecha a través del primer punto, cerca de la punta de la aguja izquierda, inserta de delante hacia atrás. Envuelve la aguja derecha con la hebra.

Patrones básicos de punto

La mayoría de los patrones se confeccionan con una combinación de puntos del derecho y del revés.

PATRONES DE PUNTO ELÁSTICO

Los puntos elásticos permiten que el tejido que se estire y se suelen emplear para tejer puños y dobladillos.

Para tejer un elástico 1D, 1R, teje el primer punto del derecho y el siguiente del revés, y repite esta secuencia en toda la vuelta. Después de cada punto del derecho, pasa la hebra por delante de la labor y entre las puntas de las agujas, preparándola para tejer del revés el siguiente punto. Después de un punto del revés, pon la hebra detrás de la labor y entre las puntas de las agujas, lista para tejer del derecho el siguiente punto. En la siguiente vuelta de elástico, teje del derecho los puntos del derecho y del revés los puntos del revés.

Un patrón elástico 2D, 2R sigue el mismo principio, pero hay que tejer 2 puntos del derecho y después 2 del revés, y repetir la secuencia.

PUNTO JERSEY

Abreviado como p jer, se trabaja alternando vueltas del derecho y vueltas del revés en plano. Cuando tejas en circular, teje cada vuelta del derecho para el punto jersey.

El tejido en punto jersey tiene un lado suave por el derecho (el de los puntos del derecho) y un revés abultado (puntos del revés).

PUNTO BOBO

El punto bobo se hace tejiendo del derecho cada vuelta en plano o, cuando trabajes en circular, alternando una vuelta del derecho y una del revés. Esto hace un tejido reversible con textura.

Revés   Derecho

Truco Los puntos del revés tienen una barra horizontal (un pequeño bulto) debajo del punto en la aguja. Estos los tejerás del revés. Los puntos del derecho no tienen la barra debajo, y los tejerás del derecho.

Cerrar puntos

Se cierran los puntos para terminar el tejido, y se puede hacer de diferentes formas.

A LA INGLESA

Este es el método más común para cerrar puntos.

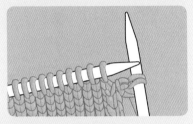

PASO 1 Teje del derecho los dos primeros puntos.

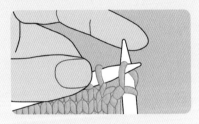

PASO 2 Pasa la punta de la aguja izquierda por el primer punto que has tejido en la aguja derecha, pásalo por encima del segundo punto que has tejido en la aguja derecha y suéltalo.

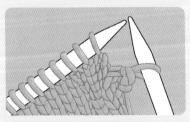

PASO 3 Queda un punto. Teje el siguiente punto de la aguja izquierda.

Repite los Pasos 2 y 3 hasta que todos los puntos estén cerrados.

CIERRES ELÁSTICOS

Estas formas de cerrar confieren un borde elástico al tejido y son ideales para puños, mitones y calcetines. Elige tu favorita.

Cierre con disminuciones o de encaje

Versión por la parte trasera

PASO 1 Teje los dos primeros puntos de la aguja izquierda juntos por la parte de atrás del punto.

PASO 2 Desliza el nuevo punto de la aguja derecha a la aguja izquierda de nuevo.

Repite los Pasos 1 y 2 hasta que todos los puntos estén cerrados.

Versión por la parte delantera

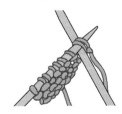

PASO 1 Teje los dos primeros puntos de la aguja izquierda juntos por la parte de delante del punto.

PASO 2 Desliza el nuevo punto de la aguja derecha a la aguja izquierda de nuevo. Repite los Pasos 1 y 2 hasta que todos los puntos estén cerrados.

Cierre elástico

PASO 1 Teje el primer punto.

PASO 2 Si el siguiente punto es del derecho, téjelo del derecho. Si el siguiente punto es del revés, téjelo del revés.

PASO 3 Para los puntos del derecho, introduce la aguja izquierda por delante de los dos puntos de la aguja derecha y téjelos juntos del derecho por la parte trasera del punto. Para los puntos del revés, introduce la aguja izquierda por detrás de los dos puntos de la aguja derecha y téjelos juntos del revés.

Repite los Pasos 2 y 3 hasta que todos los puntos estén cerrados.

CIERRE FRUNCIDO

Fruncir los puntos para cerrarlos se hace habitualmente para terminar los gorros.

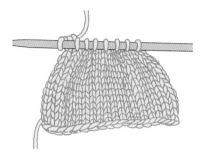

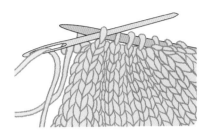

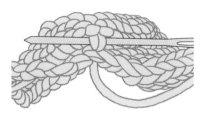

PASO 1 Cuando toca cerrar, corta el hilo dejando un cabo largo. El cabo debe ser tan largo como los puntos más, por lo menos, 30 cm. Enhébralo en una aguja lanera.

PASO 4 Repite los Pasos 2 y 3 con todos los puntos del borde, haciendo que caigan de la aguja uno por uno.

PASO 7 En el revés de la labor, asegura la hebra. Puedes hacerlo cosiéndola a un par de puntos varias veces en el lado revés. Me gusta usar el resto del cabo para coser las costuras laterales (si es que el patrón lo necesita), ya que así se asegura el final.

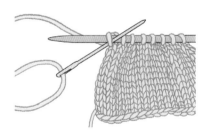

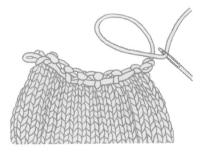

PASO 2 Coge la aguja lanera con la hebra y pásala a través del primer punto de la aguja.

PASO 5 Cuando termines, todos los puntos estarán montados en el cabo.

El cierre terminado.

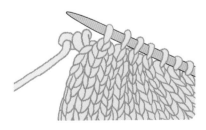

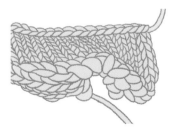

PASO 3 Pasa la aguja lanera a través del punto y deja que este caiga de la aguja. El punto está ahora cogido por el cabo; no te preocupes, no se deshará la labor.

PASO 6 Tira del cabo y frunce los puntos para que se junten y cierran el tejido. Tira con firmeza pero sin romperlo.

Moldear el tejido

Puedes dar forma al tejido aumentando o disminuyendo el número de puntos en una vuelta. Comprueba las abreviaturas del patrón para emplear la técnica correcta en cada proyecto.

AUMENTO DDA

Teje un punto del derecho por delante y por detrás para aumentar un punto al derecho.

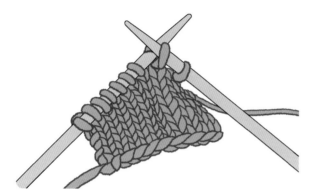

PASO 1 Teje hasta donde tengas que aumentar. Haz el siguiente punto de la aguja izquierda, pero no deslices el punto original de la aguja izquierda.

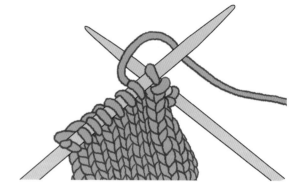

PASO 3 Pasa la hebra por debajo y alrededor de la punta de la aguja derecha (como haces cuando tejes un punto del derecho).

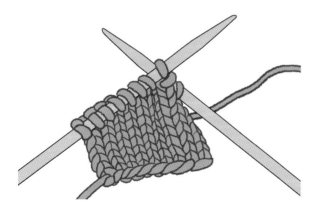

PASO 2 Introduce la punta de la aguja derecha por la parte de atrás del mismo punto de la aguja izquierda.

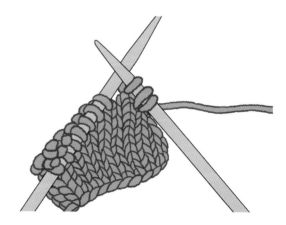

PASO 4 Trae la aguja derecha y la lana envuelta en ella a través del punto de la aguja izquierda. Desliza el punto original de la aguja izquierda y el aumento está terminado.

AUMENTO DDAD

Sigue las instrucciones para el Dda, pero no dejes que los puntos se deslicen de la aguja; teje del derecho por delante el mismo punto otra vez. Habrás hecho dos puntos de más (has hecho tres puntos a partir de uno).

AUMENTO 1A

Haz un punto entre dos puntos.

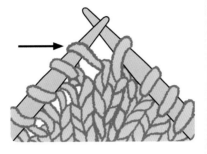

PASO 4 Quita la aguja derecha para poner la hebra en la aguja izquierda.

AUMENTO PH

Pasar la hebra aumenta un punto. Al combinar ph con 2jD se forma un pequeño ojal.

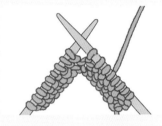

PASO 1 Teje hasta donde tengas que aumentar.

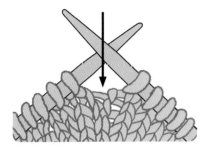

PASO 1 Teje hasta donde tengas que aumentar. Separa las agujas y verás una pequeña barra horizontal (señalada con una flecha en la imagen superior). Utilizarás esta barra para hacer el nuevo punto.

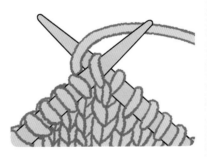

PASO 5 Teje del derecho por la parte de atrás del bucle y deja caer el punto de la aguja izquierda.

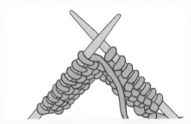

PASO 2 Trae la hebra hacia delante entre las puntas de las agujas.

PASO 2 Con la aguja derecha, levanta la barra horizontal por delante.

PASO 3 Pasa la hebra hacia atrás por encima de la aguja derecha. Después de tirar de la hebra tendrás otro «punto» en la aguja derecha. Teje el siguiente punto como refiera el patrón.

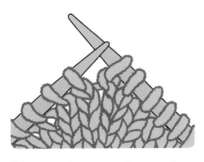

Este aumento incrementa un punto a la izquierda del punto jersey. Para hacer un aumento en espejo hacia la derecha, recoge la hebra por la parte de atrás en el Paso 2 y téjelo del derecho por delante en el Paso 5.

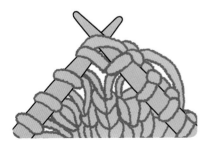

PASO 3 Desliza la punta de la aguja izquierda por debajo de la derecha y pon esa hebra en la aguja izquierda.

Disminuciones

DISMINUCIÓN DDD

Desliza el siguiente punto de la aguja izquierda al derecho y desliza el siguiente punto de la aguja izquierda al revés. Coge la aguja izquierda y teje por delante los dos puntos deslizados a la aguja derecha.

Una alternativa al ddD es disminuir con dDpe (deslizar, tejer del derecho, pasar por encima). Para tejer un dDpe, desliza el siguiente punto de la aguja izquierda al derecho, teje del derecho el siguiente punto de la aguja izquierda y pasa el punto deslizado a la aguja derecha por encima del punto tejido de la aguja derecha.

DESLIZAR PUNTOS

Deslizar mueve un punto de la aguja izquierda a la derecha sin tejerlo ni del derecho ni del revés.

Para deslizar un punto hacia el derecho, de delante hacia atrás, introduce la punta de la aguja derecha en el punto de la aguja izquierda y deslízalo a la aguja derecha. Para hacer lo mismo en la dirección contraria, usa el mismo método pero pasa la aguja derecha por el punto de atrás hacia delante.

DISMINUCIÓN 2PDJ

Teje dos puntos juntos para hacer una disminución simple.

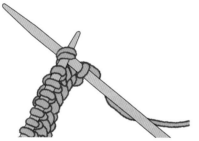

PASO 1 Teje hasta donde tengas que disminuir. Introduce la aguja derecha a través de los siguientes dos puntos de la aguja izquierda. Pasa la aguja de delante hacia atrás como si estuvieras tejiendo del derecho un punto normal.

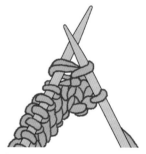

PASO 3 Tira del nuevo bucle en la aguja derecha a través de los dos puntos de la aguja izquierda.

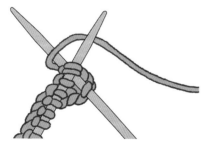

PASO 2 Pasa la lana por debajo y alrededor de la punta de la aguja derecha (como harías cuando tejes un punto del derecho).

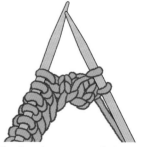

PASO 4 Desliza los dos puntos de la aguja izquierda para completar la disminución.

COSTURAS

Tómate tu tiempo al coser tus tejidos y usa una aguja de punta roma o de zurcido. Cuando sea posible, usa la misma lana para tejer las piezas y coser las costuras.

PUNTADA INVISIBLE

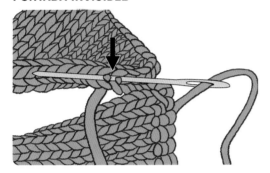

PASO 1 Para unir dos bordes de punto jersey, coloca las costuras de lado, con el lado derecho hacia ti. Enhebra la aguja con la lana (al menos 45 cm). Para coser la costura, coge la aguja por delante y por debajo de 2 «barras» (las hebras horizontales de las vueltas superiores).

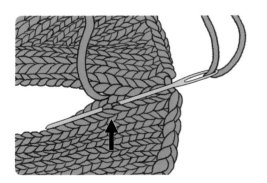

PASO 2 Atraviesa la aguja por delante y por debajo de las dos barras de ese lado. Continúa zigzagueando entre los dos lados. Mientras coses, tira de los puntos para cerrar la costura sin imprimir demasiada fuerza o la costura se fruncirá.

UNIR PUNTOS DE MONTADO Y CIERRE

Para unir dos bordes de montado y cierre, coloca la dos piezas juntas con el lado derecho hacia fuera. Trae la aguja por debajo de la forma de V del punto por un lado. Pasa la aguja por el otro lado y por debajo de la forma de V del punto. Continúa zigzagueando a lo largo del tejido, tirando de la costura para cerrarla a medida que coses.

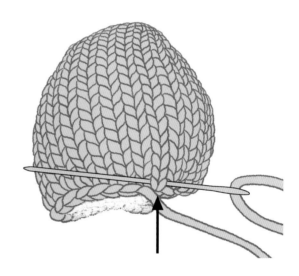

Dar forma con vueltas cortas

Las vueltas cortas forman curvas y se usan para proyectos como la serpiente de juguete de la página 45. Se elaboran tejiendo parcialmente una vuelta, girando el tejido, tejiendo hacia atrás y girando otra vez para añadir medias vueltas a la labor. Girar el tejido puede dejar pequeños agujeros en el mismo, por eso algunos patrones especifican que hay que envolver el siguiente punto al girar.

CÓMO ENVOLVER Y GIRAR EN UNA VUELTA DEL DERECHO

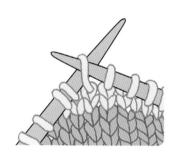

PASO 1 Teje hasta donde tengas que girar y envuelve el siguiente punto. Para hacerlo, desliza hacia el revés el punto de la aguja izquierda a la derecha.

PASO 3 Trae la hebra entre las puntas de las agujas para que esté en la parte delantera del tejido.

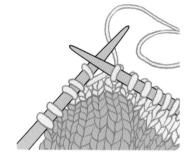

PASO 5 Lleva la hebra de delante hacia atrás entre las puntas de las dos agujas; esto "envuelve" el punto.

PASO 2 Comprueba que la hebra para trabajar está detrás de la labor y que el punto se ha deslizado de la aguja izquierda a la derecha.

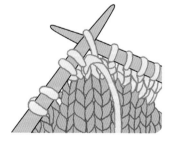

PASO 4 Pasa de nuevo el punto deslizado de la aguja derecha a la izquierda.

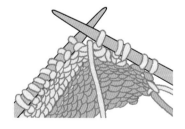

PASO 6 Gira la labor de modo que tengas encarado el lado del revés.

CÓMO ENVOLVER Y GIRAR EN UNA VUELTA DEL REVÉS

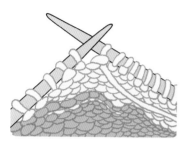

PASO 1 Teje hasta donde tengas que girar y envuelve el siguiente punto.

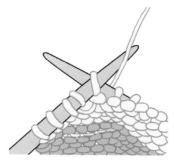

PASO 4 Pasa el punto deslizado de la aguja derecha a la izquierda.

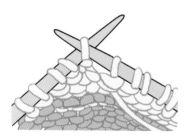

PASO 2 Desliza el siguiente punto hacia el revés de la aguja izquierda a la derecha con la hebra con que trabajas por delante de la labor.

PASO 5 Trae la hebra de atrás hacia delante entre las puntas de las agujas para «envolver» el punto.

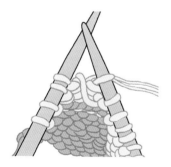

PASO 3 Pasa la hebra hacia atrás, entre las puntas de las dos agujas.

PASO 6 Gira la labor de modo que tengas encarado el lado derecho.

RECOGER ENVUELTOS EN UNA VUELTA DEL DERECHO

El envuelto se sitúa horizontalmente a través del punto. Recoge el envuelto con la aguja derecha de delante hacia atrás.

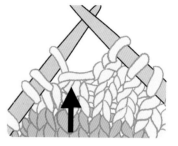

PASO 1 El punto envuelto está en la vuelta de enfrente.

PASO 2 Recoge el envuelto de delante hacia atrás.

PASO 3 Introduce la aguja derecha en el punto envuelto de la aguja izquierda y teje juntos el envuelto y el punto.

RECOGER ENVUELTOS EN UNA VUELTA DEL REVÉS

Es más fácil localizar un punto envuelto desde el lado derecho (tejido del derecho) de la labor, ya que puedes ver la barra horizontal que envuelve el punto con más claridad. Por el lado revés (tejido del revés), recoge el envuelto con la aguja derecha de detrás hacia delante.

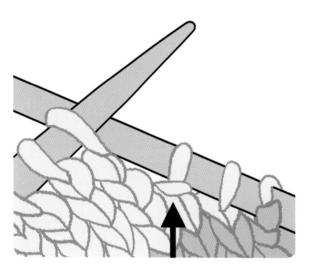

PASO 1 El punto envuelto se ve desde el lado tejido del derecho.

PASO 3 Coloca el envuelto en la aguja izquierda.

PASO 2 Recoge el envuelto de atrás hacia delante.

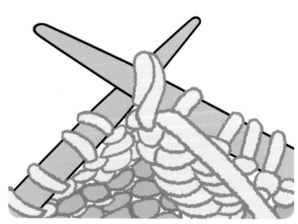

PASO 4 Teje del revés el punto envuelto y el envuelto en sí que has colocado en la aguja (como si tejieras dos puntos juntos del revés).

Cordón tejido

Un cordón tejido es un tubo que se teje en dos agujas de doble punta (adp).

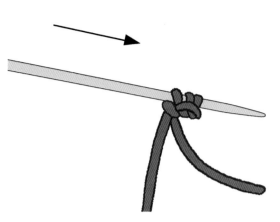

PASO 3 Sujeta la aguja con los puntos con la mano izquierda. La hebra para trabajar está en el extremo izquierdo de la aguja (no en el extremo derecho como estaría normalmente).

PASO 1 Monta el número de puntos requeridos en una adp. Con los puntos montados en la aguja izquierda, teje una vuelta usando la otra adp como aguja derecha (como si tejieras del derecho). La hebra para trabajar está en el extremo de la mano izquierda (como muestra la imagen superior).

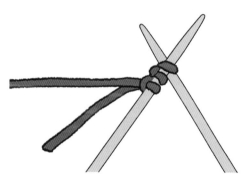

PASO 4 Teje el primer punto de la aguja izquierda, tirando de la hebra para trabajar con firmeza por detrás de los puntos (detrás del tejido). La tensión permitirá unir los bordes del tejido para formar un tubo.

Asegúrate que tu primer punto está apretado, si no el cordón parecerá suelto. Teje del derecho el resto de puntos como siempre. La hebra para trabajar está en el extremo izquierdo de la aguja.

Repite los Pasos 2, 3 y 4 unas cuantas vueltas, deslizando los puntos tejidos de un lado al otro de la aguja antes de empezar cada vuelta. Después tira cuidadosamente de los puntos del montaje del tubo, para ayudar a formar un tubo.

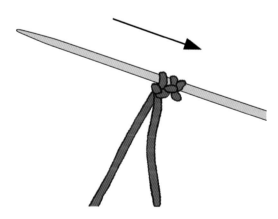

PASO 2 En este punto, girarías el tejido si tejieras del derecho normal. Para hacer el cordón, no lo gires.

Desliza los puntos del extremo izquierdo de la aguja al extremo derecho antes de empezar la siguiente vuelta.

Cuando tengas el largo deseado, corta la hebra, pásala por los puntos de la aguja y tira con firmeza para cerrarlos.

Confeccionar ojos para juguetes

Yo uso botones para los ojos de mis juguetes, pero hay que asegurarse de que están cosidos con firmeza en el tejido y de que no se pueden arrancar ni soltar. Puedes utilizar ojos de juguete que se aseguran en la parte posterior del tejido con una arandela, pero a veces no se recomiendan para niños menores de 36 meses. Lee las instrucciones del fabricante si tienes cualquier duda antes de usarlos. Para bebés y niños pequeños es mejor bordar los ojos con lana.

CÓMO HACER OJOS PARA JUGUETES

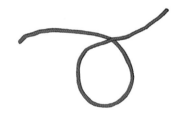

PASO 1 Usa una hebra de unos 45 cm de largo (he usado una menos larga para que se vea con mayor facilidad). Haz un bucle en el centro de la hebra, con el cabo de la derecha encima del otro (trabajamos con el cabo derecho).

PASO 2 Coge el cabo de la derecha por encima y por el centro del bucle para hacer un nudo suelto.

PASO 3 Continúa enrollando el cabo a través del nudo suelto.

PASO 4 Cuantas más veces lo enrolles, más grande será el nudo final. Acostumbro a enrollarlo 5 veces.

PASO 5 Sujeta los dos extremos de la hebra y tira con firmeza. El bucle forma un nudo grueso al tirar.

PASO 6 Deberías terminar con un nudo en el centro de la hebra.

Para fijar los ojos, enhebra una aguja con uno de los cabos de la hebra y cóselo en la cara del juguete con el nudo encima (el lado derecho de la labor) y el cabo suelto por dentro (el revés). Repite con el otro cabo de la hebra. Ata los dos cabos en la cabeza del juguete y escóndelos dentro del relleno.

Tejido con colores

TEJER RAYAS

Cuando tejas rayas, tendrás que incorporar un nuevo ovillo al borde del tejido.

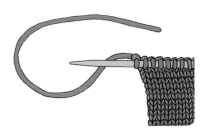

PASO 1 Al final de la vuelta, corta la hebra dejando un cabo de unos 20 cm de largo.

PASO 2 Al principio de la siguiente vuelta, desliza la punta de la aguja derecha dentro del primer punto de la aguja izquierda. Rodea con la nueva hebra el extremo de la aguja derecha.

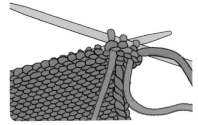

PASO 3 Teje los tres o cuatro primeros puntos de la vuelta con la nueva hebra, sujetando los cabos al final de la vuelta mientras tejes para que no se deshagan los puntos. Después de algunos puntos, ata los cabos con un nudo para asegurarlos al final de la vuelta. Continúa tejiendo como siempre con el nuevo color.

PASO 4 Cuando terminas de tejer, normalmente coserías o rematarías los cabos. Si estás haciendo juguetes, los cabos se esconden dentro del juguete, así que puedes saltarte este paso; simplemente asegúrate de que los cabos están bien atados y escóndelos en el juguete cuando lo rellenes.

TEJIDO FAIR ISLE

El fair isle o tejido intercalado es una técnica para tejer con dos o más colores en la misma vuelta. Para tejer con fair isle, llevas la hebra del color que no estás usando a lo largo del tejido por detrás, para recogerla cuando la necesites. Así se dejan unos hilos intercalados en el revés de la labor.

Siguiendo el patrón, teje los puntos con el color principal (CP), después teje los puntos con el color de contraste (CC). Añade un nuevo color siguiendo las instrucciones para incorporar un nuevo color en el borde, y deja un cabo para rematar en el revés del tejido.

Cuando cambies de color, coge el nuevo color de la hebra que acabas de tejer para cruzar los hilos y evitar agujeros en el tejido. No tires demasiado ya que podrías arrugar y fruncir el tejido.

TEJIDO INTARSIA

Con el tejido intarsia, en vez de cruzar las hebras de los colores que no usamos por detrás del tejido como en el fair isle, tejes con el nuevo color, dejando el color que no se usa colgando por detrás para incorporarlo en la siguiente vuelta. En este tipo de tejido se recomienda el uso de bobinas.

Siguiendo el patrón, trabaja los puntos del color principal (CP), pasa la hebra a la parte trasera de la labor y cambia al nuevo color (CC), trayéndolo por debajo del otro y cruzando las hebras para evitar que se formen agujeros.

Tensión

La tensión es el número de puntos y vueltas medidos en centímetros.

PARA COMPROBAR LA TENSIÓN
Si la tensión se cita, por ejemplo, cuadrado de 10 cm = 14 ps × 20 vueltas con agujas de 6 mm de punto jersey: monta el número de puntos que mencionan más 4 (por ejemplo, 18 puntos) y teje en punto jersey 4 vueltas más de las que dice el número (es decir, 24). Corta la hebra dejando un cabo de 30 cm y pásalo a través de los puntos y retíralos de la aguja. No los cierres porque podrías deformarlos.

CONTAR LOS PUNTOS
Coloca un alfiler verticalmente entre los dos puntos de una esquina del tejido. Mide 10 cm desde el alfiler e introduce un segundo alfiler y cuenta los puntos. Un punto tiene forma de V, por lo que cada V cuenta como un punto.

CONTAR LAS VUELTAS
Coloca una regla verticalmente y clava un alfiler en la base de un punto y otro a 10 cm. Cuenta las V que hay entre los dos puntos.

Si tienes pocos puntos/vueltas, cambia a agujas más pequeñas. Si tienes demasiados puntos/vueltas, cambia a agujas más grandes y haz otra muestra de tensión.

Levantar puntos

Cuando levantes puntos de un lateral del tejido, recuerda que no levantarás un punto por cada vuelta porque los puntos no son cuadrados.

Si el tejido está tejido en punto jersey, levantarás 3 puntos por cada 4 vueltas del lateral, mientras que si es punto bobo, cogerás 1 punto por cada 2 vueltas, aunque eso depende de la tensión del tejido.

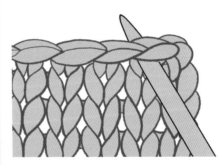

PASO 1 Con el lado derecho hacia ti, introduce la aguja en el punto de la esquina de la primera vuelta, un punto más adentro del borde. Envuelve la hebra alrededor de la aguja en dirección del derecho.

PASO 2 Trae la hebra a través del punto levantado. Continúa levantando puntos a lo largo del borde, saltando vueltas de vez en cuando para mantener el tejido igualado.

Tejer en redondo

Tejer en redondo crea una forma tubular que se usa para tejer gorros sin costuras, calcetines y demás. Hay varias técnicas para tejer en redondo; la más común es con agujas de doble punta (adp), pero también puedes usar agujas circulares para tejer en redondo para piezas más grandes, y tejer otras más pequeñas con la técnica del círculo mágico. Un marcador es útil para indicar el principio de cada vuelta, así no te pierdas en el patrón.

Cuando tejas en redondo, hazlo siempre por el lado derecho del tejido. Para tejer en punto jersey, tendrás que hacerlo del derecho en cada vuelta, pero para el punto bobo, tendrás que alternar vueltas del derecho y del revés.

Tejer en redondo puede ser complicado para los poco experimentados, así que por favor no desistas si no te sale enseguida. Como considero que las adp son difíciles de manejar, siempre vuelvo al método del círculo mágico.

AGUJAS CIRCULARES

Para tejer piezas más grandes con las agujas circulares, monta el número de puntos que necesites y deslízalos a la punta de la aguja izquierda. Asegúrate que los puntos no están retorcidos, sujeta la aguja derecha y une el círculo tejiendo cada punto.

ADP

Monta el número de puntos en una aguja, desliza un tercio de los puntos hacia el revés a una segunda adp y repite con una tercera, para que los puntos se distribuyan de manera uniforme entre las tres agujas.

Con el borde de montado hacia abajo en todas las agujas y asegurándote de que los puntos no están retorcidos, empuja los puntos de la aguja izquierda hacia la punta de debajo más cercana a ti e introduce la cuarta adp en el primer punto de la aguja izquierda para unir el círculo. Continúa tejiendo los puntos.

EL CÍRCULO MÁGICO

Este es mi método favorito para tejer en redondo, con la ventaja añadida que sólo tienes que comprar una aguja circular.

Necesitarás una aguja circular más larga (60-80 cm es lo ideal) y montar el número de puntos necesarios. Desliza los puntos al cable flexible de la aguja circular y a mitad de los puntos, dobla el cable y desliza los puntos de vuelta a las agujas. Deberías tener más o menos la misma cantidad de puntos en cada aguja con un bucle de cable a medio camino. Con la hebra para trabajar colgando de la aguja trasera, usa esa punta de la aguja para tejer los puntos de delante, comprobando que no están retorcidos. Teje todos los puntos en la aguja delantera y continúa con los de la aguja trasera para terminar una vuelta.

Tablas de referencia

GUÍA DE TALLAS

Ropa

Talla	3 meses	6 meses	12 meses	18 meses	24 meses
Pecho	40,5 cm	43 cm	45,5 cm	48 cm	50,5 cm
De centro cuello a puño trasero	26,5 cm	29 cm	31,5 cm	35,5 cm	45,5 cm
Largo trasero hasta cintura	15,5 cm	17,5 cm	19 cm	20,5 cm	21,5 cm
De hombro a hombro trasero	18,5 cm	19,5 cm	21 cm	21,5 cm	22 cm
Largo de manga a axila	15,5 cm	16,5 cm	19 cm	20,5 cm	21,5 cm
Brazo superior	14 cm	15,5 cm	16,5 cm	17,5 cm	19 cm
Sisa	8,5 cm	9 cm	9,5 cm	10 cm	10,5 cm
Cintura	45,5 cm	48 cm	50,5 cm	52 cm	53,5 cm
Caderas	48 cm	50,5 cm	50,5 cm	53,5 cm	56 cm
Largo pierna cintura a tobillo	36 cm	42 cm	46 cm	49 cm	52 cm

Gorros

Edad	Circunferencia de cabeza	Altura del gorro
Recién nacido	33-36 cm	13-15 cm
3-6 meses	36-43 cm	15-18 cm
6-12 meses	41-48 cm	18 cm
12-36 meses	46-48 cm	20 cm

Zapatos

Edad	Largo de pie
Recién nacido	9-10 cm
3-6 meses	10-12 cm
6-12 meses	12-13 cm
18-24 meses	13-14 cm
24-48 meses	14-15 cm

ABREVIATURAS

Abreviaturas generales

adp	agujas de doble punta
alt	alternar / alterna(s)
aprox	aproximadamente
aum	aumento(s)
CC	color de contraste
cm	centímetros
CM	colocar marcador
cont	continuar
CP	color principal
dism	disminución(es)
DK	lana estilo Double Knit
dm	deslizar marcador
LD	lado derecho
LR	lado revés
m	metro
MD	mano derecha
MI	mano izquierda
mm	milímetros
num	número
p jer	punto jersey
p(s)	punto(s)
prin	principio
rep	repetir
res	restante(s)
sig	siguiente(s)
v(s)	vuelta(s)

Abreviaturas para puntos

1A	hacer un aumento
2pjD	disminución al tejer dos puntos juntos del derecho
2pjD a	disminución al tejer dos puntos juntos del derecho por atrás del punto
2pjR	disminución al tejer dos puntos juntos del revés
3pjD	disminución al tejer tres puntos juntos del derecho
3pjD a	disminución al tejer tres puntos juntos del derecho por atrás del punto
ax4a	auxiliar 4 atrás
ax4d	auxiliar 4 delante
cha	con la hebra por atrás de la labor
chd	con la hebra por delante de la labor
D	punto del derecho
Dda	aumento al tejer del derecho por delante y por atrás del punto
Ddad	aumento doble al tejer del derecho por delante, por atrás del punto y otra vez por delante del punto
ddD	disminución al deslizar, deslizar y tejer del derecho
des1	deslizar un punto
dirD	dirección de tejer del derecho
dirR	dirección de tejer del revés
eyg	envuelve y gira
gira	gira la labor a mitad de la vuelta
ph	pasar hebra
pha	pasa la hebra atrás
ppde	pasa el punto deslizado por encima
R	punto del revés
thdl	trae la hebra delante

TABLA DE CONVERSIÓN DE AGUJAS

Métrico	Talla americana
3,25 mm	3
3,5 mm	4
3,75 mm	5
4 mm	6
4,5 mm	7
5 mm	8
5,5 mm	9
6 mm	10
6,5 mm	10,5
10 mm	15

TABLA DE TIPOS DE LANA

La lana está disponible en una amplia variedad de pesos y fibras. Para los proyectos infantiles, recomiendo usar lana lavable a máquina (el ovillo debería tener las instrucciones de lavado). Evita lanas peludas como el mohair o el pelo de mono, ya que estas fibras pueden desprenderse y los niños pueden tragárselas. Los proyectos en este libro usan cuatro tipos de lanas, la tabla de debajo da más detalles sobre ellas.

lana	hilos
Double Knit (DK)	5-8 hilos
Aran	8-10 hilos
Chunky	12-16 hilos
Super Chunky	20 hilos

DETALLES DE LA MARCA DE LANA

Para ayudarte a elegir lana para tus tejidos, aquí tienes los detalles de las lanas usadas en los proyectos de este libro. Te ayudarán a elegir lanas alternativas para todos los proyectos. Ten en cuenta que para los juguetes tiendo a usar una aguja más pequeña de la recomendada para conseguir un tejido más denso y así evitar que el relleno se salga. Encontrarás la mayoría de las lanas utilizadas en este libro en la tienda online **www.deramores.com.**

King Cole Big Value Chunky

Peso y mezcla:	**Chunky; 100% acrílico**
Tamaño de aguja sugerido por la marca:	6 mm
Tensión sugerida por la marca:	cuadrado de 10 cm = 14 ps × 20 vs en punto jersey
Peso/largo ovillo:	100 g; 152 m

King Cole Big Value DK

Peso y mezcla:	**DK (double knit); 100% acrílico**
Tamaño de aguja sugerido por la marca:	4 mm
Tensión sugerida por la marca:	cuadrado de 10 cm = 22 ps × 28 vs en punto jersey
Peso/largo ovillo:	100 g; 290 m

King Cole Cottonsoft DK

Peso y mezcla:	**DK (double knit); 100% algodón**
Tamaño de aguja sugerido por la marca:	4 mm
Tensión sugerida por la marca:	cuadrado de 10 cm = 22 ps × 28 vs en punto jersey
Peso/largo ovillo:	100 g; 210 m

King Cole Fashion Aran

Peso y mezcla:	**Aran; 70% acrílico, 30% lana**
Tamaño de aguja sugerido por la marca:	5 mm
Tensión sugerida por la marca:	cuadrado de 10 cm = 18 ps × 25 vs en punto jersey
Peso/largo ovillo:	100 g; 200 m

Lion Brand Hometown USA-Multi

Peso y mezcla:	**Super Chunky; 100% acrílico**
Tamaño de aguja sugerido por la marca:	9 mm
Tensión sugerida por la marca:	cuadrado de 10 cm = 9 ps × 12 vs en punto jersey
Peso/largo ovillo:	113 g; 59 m

Patons Wool Blend Aran

Peso y mezcla:	**Aran; mezcla de lana**
Tamaño de aguja sugerido por la marca:	4,5 mm
Tensión sugerida por la marca:	cuadrado de 10 cm = 19 ps × 25 vs en punto jersey
Peso/largo ovillo:	100 g; 185 m

Rowan British Sheep Breeds Chunky Undyed

Peso y mezcla:
Tamaño de aguja sugerido por la marca:
Tensión sugerida por la marca:
Peso/largo ovillo:

Chunky; 100% lana
7 mm
cuadrado de 10 cm = 13 ps × 18 vs en punto jersey
100 g; 110 m

Rowan Pure Wool DK

Peso y mezcla:
Tamaño de aguja sugerido por la marca:
Tensión sugerida por la marca:
Peso/largo ovillo:

DK (double knit); 100% lana
4 mm
cuadrado de 10 cm = 22 ps × 30 vs en punto jersey
50 g; 125 m

Sirdar Country Style DK

Peso y mezcla:
Tamaño de aguja sugerido por la marca:
Tensión sugerida por la marca:
Peso/largo ovillo:

DK (double knit); 40% nailon, 30% lana, 30% acrílico
4 mm
cuadrado de 10 cm = 22 ps × 28 vs en punto jersey
50 g; 155 m

Sirdar Hayfield Bonus DK

Peso y mezcla:
Tamaño de aguja sugerido por la marca:
Tensión sugerida por la marca:
Peso/largo ovillo:

DK (double knit); 100% acrílico
4 mm
cuadrado de 10 cm = 22 ps × 28 vs en punto jersey
100 g; 280 m

Sirdar Snuggly Snowflake Chunky

Peso y mezcla:
Tamaño de aguja sugerido por la marca:
Tensión sugerida por la marca:
Peso/largo ovillo:

Chunky; 100% poliéster
5,5 mm
cuadrado de 10 cm = 14 ps × 19 vs en punto jersey
25 g; 62 m

Stylecraft Special Aran

Peso y mezcla:
Tamaño de aguja sugerido por la marca:
Tensión sugerida por la marca:
Peso/largo ovillo:

Aran; 100% acrílico
5 mm
cuadrado de 10 cm = 18 ps × 24 vs en punto jersey
100 g; 196 m

Stylecraft Special Chunky

Peso y mezcla:
Tamaño de aguja sugerido por la marca:
Tensión sugerida por la marca:
Peso/largo ovillo:

Chunky; 100% acrílico
6 mm
cuadrado de 10 cm = 14 ps × 20 vs en punto jersey
100 g, 144 m

Índice

La edición original de esta obra ha sido publicada en el Reino Unido en 2015
por Apple Press, sello editorial de Quintet Publishing Limited, con el título

Animals Knits For Kids

Traducción del inglés
Laura Roso Batiste

Copyright © de la edición original, Quintet Publishing Limited, 2014
Copyright © de la edlción española, Cinco Tintas, S.L., 2016
Diagonal, 402 – 08037 Barcelona
www.cincotintas.com

Edición del proyecto: Caroline Elliker
Diseño: Anna Gatt
Fotografía: Jessica Morgan
Dirección artística: Michael Charles
Dirección editorial: Emma Bastow
Edición: Mark Searle

Impreso en China
Código IBIC: WFBS

ISBN 978-84-16407-09-5

Acerca de la autora

Amanda Berry vive en Berkshire, Inglaterra, con su marido ¡y una colección de animales de punto!

Su madre le enseñó los puntos básicos de tejer cuando era pequeña (uno de sus primeros proyectos con éxito fue un jersey para su oso de peluche), pero fue veinte años después cuando redescubrió su amor por las manualidades.

Con una renovada pasión por el tejido y el diseño, dejó su profesión de contable para matricularse en la Facultad de Diseño de Londres y empezó a diseñar patrones de tejido en Fluff and Fuzz en 2010. Fluff and Fuzz tiene ya una selección de más de 50 patrones de juguetes disponibles en internet en webs de manualidades que incluyen Ravelry, Folksy y Etsy.

Los populares patrones de juguetes y accesorios de Amanda han sido mencionados en destacadas publicaciones del Reuino Unido, como *Let's Get Crafting* y *Let's Knit*.

Al ser una tejedora autodidacta, Amanda entiende que algunas técnicas pueden asustar a los principiantes, por eso comparte trucos, técnicas y tutoriales en su blog de tejido (*fluffandfuzzknitting.wordpress.com*) para ayudar a los que se inician.

Como su corazón aún alberga a la niña que fue, cuando no teje, a Amanda le encanta ver dibujos y pasear por el río Támesis para alimentar a los patos. Le encanta tejer porque cada proyecto es una oportunidad de aprender una nueva habilidad, crear algo único y adaptar patrones con facilidad a su gusto. Su afición favorita mientras teje es beber té y ver películas antiguas.

Agradecimientos

Me gustaría dar las gracias a todos aquellos que han colaborado en la creación de este libro, especialmente a las personas de Quintet, que han sido increíbles, y también al gran equipo de la revista *Let's Get Crafting*, por ser tan comprensivos. Pero principalmente tengo que dar las gracias a mi madre, por enseñarme a tejer, y a mi maravilloso y sufridor marido, que ha aguantado montones de labores apiladas por toda la casa durante meses...
John, ¡eres un sol!

Modelos

Indie May Bridgeman
Yusuf Charles
Blake Emami
Jem Harris
Faith Hinds

Liam Kapur
Roman Lovell
Ruby de Burgh Leather
Lottie-Warick Johnson
Alfie Pattison